もう子育てでは悩まない
この一冊で育児は完結する

田下　昌明

まえがき

初めての育児は練習なしで、いきなり本番がやってくるので、育児のすべてを最初から自信をもってできる親はいません。若い両親が困ったり迷ったりするのは、ごく当たり前のことです。だから世界の多くの地域では、家族ばかりではなく近所の人などが力を合わせて子育てを支援しているし、ついこの間まで日本人もそのようにしていました。そしてそこには大きな柱が一本立っていたのです。それは日本人の歴史、伝統、文化に対する自信と誇り、つまり育児方法の共通指針です。

私は旭川市に住む一小児科医です。医師になってから平成二九年で五〇年になりますが、これまで、延べでおよそ五〇万人の子供たちと接してきました。そしてその間、子供がむずがったら服を脱がせることさえできなくなる母親や、母子関係が希薄になってきたこと、将来に夢を持たない青少年が多くなったこと、ニートやパラサイトといわれる無気力な青年が発生してきたことなどを、診察室の中で実感してきました。

青少年のこのような問題は、戦後の育児の仕方があやふやになって、それまでの日本の育児方法のいいところが消えてしまったせいなのですが、では何故そうなったのかというと、戦後の日本に対する占領政策が育児方法の共通指針を失わせることを目的としていたからです。だから祖父母は育児の場から去っていってしまったのです。

皆さんは「家つき、カーつき、ババ抜き」という言葉をご存知ですか。これは昭和三〇年代に流行した言葉ですが、「お嫁にいくなら、家を持っていて、マイカーがあって、お姑《しゅうと》さんのいない人のところへいくのが理想的だ」という意味です。

高度経済成長がようやく軌道に乗ってきた昭和四〇年頃から、私たちの生活は豊かになり始め、それまでは夢物語でしかなかった、若者がクルマを乗りまわすことができる時代になってきました。またこの頃から都会に若者が集中するようになり、その若者どうしが結婚して、いわゆる核家族というものが出現しました。

経済的に豊かになったのだから、「家つき、カーつき」まではよかったのですが、ババを抜いてしまったのは、今になってみると手痛い失敗でした。というのは、結婚すればそのあとすぐに育児という大仕事が待ちかまえているのですが、その育児についての生き字引きが、実はババだからです。

育児とは――、ひとことで言えば、共通指針にしたがって子供に日本人としての誇りと生活の知恵を教えることです。ところがババを抜いてしまったために、この大切なことが途切れ途切れにしか伝えられなくなってしまいました。

現在の祖母たちの大半はババ抜き育児で育った人たちです。とは言っても経験は豊富だし、さらに曽祖母《そうそぼ》（ひぃおばあちゃん）もまだ多数健在です。育児のことで困ったら、おばあちゃん、ひぃおばあちゃんに相談しましょう。きっといい知恵を授けてくれます。そのためにはおばあちゃん、おじいちゃん、ひぃおばあちゃんに、もう一度育児の場に戻って来てもらわなくてはなりません。そこへ曽祖父（ひぃおじいちゃん）が加わってくれれば、さらに強力です。

よく「子供が成人したので育児は終わった」と言う人がいますが、そうではありません。「育児は孫まで」です。自分が子供に教えたことが、ちゃんと孫に伝えられているかを確認するところまでが、おじいちゃん、おばあちゃんの責任範囲。孫は自分の子育ての成績通知票なのですから。

そうして、つい半世紀前まで残っていた日本人の育児方法、たとえば夫婦仲良く、抱っこ、おんぶ、添い寝…など、どれも当たり前のことなのですが、それらが自信をもってなされていない現状から、私たちは早く抜け出そうではありませんか。

本書にはこれからお母さんになる人の「母親としての心の持ちよう」を念頭において、母性というものは女性に先天的に備わっているのではなく、子の胎児期、出生時、新生児期から幼児期への発育発達と同時並行で母性が発生発達していく、その仕組と様子が書かれています。

妊娠、出産、育児という一連の仕事は、日本の将来の根幹を育成することです。したがって、それらを実践している女性は社会から称賛され、感謝と尊敬の念で見守られなければなりません。母性を超える愛はないのです。

私たちにとってかけがえのない大切な日本の将来を担ってもらう子供たちを、自信と誇りをもって育てていきましょう。

目次

第五章　父親の役割、母親の役割

第八章　子供の病気と事故

第一章
育児の目標と方針の立て方

1　子供は授かるもの

私たちは日頃、子供はいとも簡単に生まれてくるような感覚を持っています。しかし、なかなか子供にめぐまれないために、あるいは妊娠してもすぐ流産してしまうために、どうしたら子供ができるかと、それこそ血のにじむような努力をしている夫婦は、この日本にどれほどいるかわかりません。

一方、「次の子は何年後に作るつもりだ」とか、「子供は三人ぐらい作りたい」などという言葉もまたよく聞きます。ところで、子供は作るものなのでしょうか。また、そんなに簡単に作れるのでしょうか。こう問われると、「作ると言ったって、それは表現の仕方で、まさかノコギリとノミでピノキオを作るのではあるまいし、物を作るようなつもりで言っているのではないさ」と誰もが言うでしょう。もちろんそれは私にもわかります。

しかし言霊《ことだま》という言葉があるとおり、言葉というものは不思議な力を持っていて、自分が使った言葉に縛《しば》られることがよくあります。だから「作る、作る」といつも言っていると、いつの間にか本当に「作るもの」なのだと思い込んでいきます。するとそのうちに、人間の力を過信して、人間はどんなことでもできるのだという、一種の思い上がった気持になりがちです。

さらに、「作る」という感覚でいるところへ子供が生まれてくると、その後子供を躾け、教育する段になって、大きな不満が発生することがあるのです。と言うのは、作ったものなので、できの良い作品もあれば、あまり良くないのもあるわけで、もし親が期待していたとおりではない子供だったら、その時から親は、どうしようもない悩みを抱え込んでしまうことになるからです。そこから感謝の気持は出てきません。このことが実は問題なのです。

子供を「作る」と言ってはいけません。子供は授かるものなのです。授かるものだからこそ、授かったことに感謝できます。この感謝の気持があるかないか、それがその後の育児の方向、質、量のすべてを決定します。

では子供は一体誰から授かるのでしょう。それは見たこともない何百万年も昔の祖先からです。しかも祖先の中の誰か一人でも欠けていたら私たちは存在しません。生物学的に言うと、私たちのDNAには「自分のDNAを親から子へ繋《つな》いで、末永く地球上に残すように」という、生命のバトンタッチのプログラムが刻印されているのです。このプログラムは圧力を持っていて、誰かを好きになるのも、生殖行動の衝動に駆《か》られるのも、みんなこの圧力によるのです。その結果私たちのところに子供がやって来ます。この祖先のことを私たちは神様とも呼びます。

2　子育ては祖先の命令

子供は祖先から授かるのですが、それは同時に「お前たち夫婦に子供を授けるから、しっかり育てろ」と、命令されているということです。そうして祖先は、授けるからにはどの子にも「おみやげ」を持たせてくれています。

このおみやげがどんなものなのかすぐにはわからないし、子供本人も、いつ自覚するかわかりません。ただはっきりしているのは、子供はその一生のうちに、必ず誰かを幸せにするという使命を帯びて来ているということです。私たちはこのおみやげを確信し、その内容を楽しみにして、それが壊れたり、変形したりしないように育児をやっていかなくてはなりません。だから感謝から始まった育児でなければならないのです。

子供が大人になり、さらに平均寿命のあたりまで生きた場合には、持って来たおみやげがどんなものだったかは、誰にもはっきりわかります。しかし私はこれまで幾度となく経験しているのですが、先天性の病気や、不治の病を得た子供たちも、例外なく、その短い一生のうちに自分の帯びて来た使命の内容を、はっきりと親や私たちに示してくれました（25項参照）。

ここで私たちには厳重に胆に銘じておかなければならない大事なことがあります。それは「しっかり育てろ」と命令しているのは祖先なのであって、決して生まれて来た子供ではないということです。ところが子供はとても可愛いので、あたかも天使であり、その命令に従わなければならないような錯覚を持つことがあります。

しかし子供は天使でもなければ、祖先の使者でもありません。放っておいたら悪い方へしか行かない悪党、可愛い悪党なのです。私たちはこの悪党に振り回されないように厳重な注意が必要です。うっかり振り回されると、その時から命令は祖先からではなく、この悪党から発せられるようになって、「オレを育てろ」と子供から迫られる事態に陥ります。

――「うちの子は、さっぱりご飯を食べてくれないんですが、どうしたらいいでしょう…」。

毎日の外来で私はこの言葉を聞かない日はありません。しかしどの子の場合も全く元気で、要するに母親が期待したとおりの量を、子供が食べないと言って悩んでいるのです。この場合、育児の命令は子供から発せられており、その主導権は子供に握られています。

祖先は私たちをわざわざ選んで子供を授けたのですから、「お前たち夫婦の思ったとおりにやっていい。自分たちの人生観を子供に押し付けていい」と言っているのであり、言い換えれば「子供の機嫌を取ってはいけない」と言っているのです。

実際、看護学生が実習などで、仲良くなろうと思って患児のご機嫌を伺ったりすると、とたんに見くびられ、さっぱり言うことをきかなくなります。――〝この人はボクを扱うのに自信がないのだな。頼りにならないお姉ちゃんだ〟というわけです。

3　子供は親に保護と指導を求めている

子供の前で「何々をしてくれない」という言い方をすると、聞いた子供は「してやっているのだ」と思います。すると親の立場は「して頂いた」ことになるでしょう。自分を導いてくれるはずの母親が、このように及び腰になって「何々してくれない」などと言って育児の主導権を放棄してしまうと、子供のほうは「してやっている」のだから満足しているのかというと、決してそうではなく、親を頼りなく思っているのです。ここのところが、子供を躾け、教育していく上での最重要点です。

近ごろ子供の権利とか自由とか自主性などを尤《もっと》もらしく主張するのが流行ですが、子供はそんなものを望んではいません。では、子供は親に何を求めているのでしょう。それは「強い保護」、「強い指導」です。したがって親は、子供をしっかりと保護し、自信をもって指導することが肝心です。このことさえしっかりやっていれば、他は多少ぬけてもいいと言っても過言ではありません。

加えて一つ。保護というのは、裏を返せば規制です。だから規制のない保護はありません。たとえば子供が刃物をいじっていたら、叩いてでも取り上げる。これが規制であり、保護なのです。また、こうした保護・規制が存在する場合のみ、そこからの自立、独立というものが生じてきます。

何事も最初が大事なので、育児の始まりから「ご飯を食べてくれない」という言い方や、そういう態度で子供に接してはいけません。これでは子供を保護も指導もしていないのです。もしこのようなことが日常的になると、事態はまずい方向へ進みます。——「野菜を食べてくれない」「薬を飲んでくれない」「勉強してくれない」「注意を聞いてくれない」…。その結果両親とも、止めどなく子供の要求に従わざるを得なくなっていきます。

そのうちに子供は大きくなっていく。思春期を迎えると、自己主張が非常に強くなる。

親にとっても、子供の要求を際限なく呑むには限界がきます。するとこのような親にかぎって、突然一転して自分の体裁だけを言い始め、子供の言い分を聞こうとせず、徹底して説教ばかりする親に変貌する場合が多いのです。子供はこの急激な変節に耐えられません。結果、悪い友達の所へ走ってしまうのです。実際、こういう親子関係が少年犯罪の温床となっています。

4　妊婦の心理と育児方針

子育てには方針が必要です。家庭によって多少の違いもあるでしょうが、そこには絶対に抜けてはいけない共通の前提条件があります。これまでそれについて述べてきましたが、ここで要約しておきましょう。

一、子供は祖先から授かるものなので、それに感謝すること。
二、子育ての全過程において、親は常に主導権を握っていなければならない。
三、子供が親に求めているものは強い保護・指導であって、自由とか権利、自主性などではない。

以上をふまえて育児方針を立てるのですが、それは次の三つの問いに対する答として出てきます。

一、子供は誰のものか
二、何のために子供を育てるのか
三、どんな大人になってほしいのか

この三つについて、これから皆さんと一緒に考えていきますが、その前に、母親になる心構えを作るにあたって、知っておいて欲しい調査結果があります。これは三つの問いの答に、大きな影響を与えるものです。

四つのグループの妊婦と、それぞれの出産結果

どの妊婦も、次の四通りの状況のどれかに属しています。

一、妊婦自身も妊娠・出産を非常に喜んでいるし、祖父母、兄弟、友人など周囲の人たちも喜んで楽しみにしている。
二、妊婦自身は大変喜んでいるが、周囲の人たちが歓迎していない。
三、周囲の人たちは大歓迎しているが、妊婦自身が納得していない。産みたくない。
四、妊婦も周囲の人たちも、その妊娠・出産を歓迎していない。

これらの状況は出生してくる胎児を待ち受けている環境でもあります。この中では一番目が理想的であり、そうなるように努力することが大事です。本書の読者の皆さんは、

二、三、四の状況のことなど考えなくてもいいとは思いますが、以下はこの四通りの状況のどれかにおかれている四一一名の妊婦の妊娠の経過と、出生した児《こ》の状態を調査した結果です（ゲルハルト・ロットマン）。

一、妊娠の経過がよい。出産の苦痛が少ない。肉体的精神的に健康な児を産んでいる。

二、母親も児も二面的な価値観にとらわれていて、出生時に行動や胃腸に問題のある児が異常に多い。

三、妊娠中、重大な医学的問題をかかえ、早産や低体重児を産む割合が最も高い。

四、胎児は自分の母親から受け取った雑多なイメージを混同してしまう。その結果、精神が混乱する。このような母親から生まれた児は感受性に乏しく、無気力な児が非常に多い。

以上の四通りの妊婦の結果を、母親になる人はしっかり認識し、その上で三つの問いの答を出してほしいのです。

5　子供は誰のものなのでしょう

子供は祖先から授かるのですが、それは祖先が一人の生命を私たちを通じてこの世に送り出したということです。だから授かったとは言っても、貰ったのではありません。預かっているのです。すなわち子供は、親が所有する存在ではないということです。

子供は誰のものか――。これにはいろいろな考え方があるでしょう。どのように考えようともちろん自由だし親の勝手ですが、問題は自分の子供は誰のものかという、その「誰」によって育児方針が大きく違ってくるということです。私は次のように考えることにしています。

私たちのところへ生まれてきた赤ちゃんは、手紙を一通持っていました。

「この度は健康なお子さんが授かっておめでとうございます。今生まれた赤ちゃんを、あなたたち夫婦に預けますので、一人前の社会人になるまで育ててください。二〇歳ぐらいになって独立して生活できるようになったら、私たちのところへ戻してください。断わっておきますが、この赤ちゃんはあなたたちに差し上げたのではないので、あなたたちの持ちものではないということをお忘れなく」

手紙はさらに続いています。「この赤ちゃんは一枚の紙なのです。この紙に、どんな絵でもいいのですが、ひとつ絵をかいて欲しいのです。絵の具は何を使っても結構です。そして立派に仕上げてください。絵のでき上がり期限は、およそ二〇年です。なお、もしかき損じても代りの紙はないので、お届けすることはできません。また、私たちに戻していただいた時、その絵が悪いもので、そのために不幸な人が何人も出てくるようなことになったら、それは絵をかいたあなたたちの責任です」

差出し人は「日本人の社会」と書いてあります。それにしても大変な手紙を持ってきたものです。とは言っても突っ返すこともできません。紙の性状もまだわかりませんが、とにかくできる所から製作にとりかからなければならないでしょう。というのは二〇年という期限があるからです。うっかりしていると絵が期限内に完成しないかも知れません。その上、今日筆を入れておかなければならない所は、きっと今日しかかけないでしょう。明日になれば、その部分にはもう絵の具がのらなくなっているかも知れないのです。

以上でおわかりと思いますが、子供は日本人の社会のものであり、私たち親はその養育を委託されているのです。「紙の性状」とはもちろんその子供の特徴のことです。特徴は必ずしも良い面とは限りません。悪い面でもあるのです。つまり長所と短所は同じものです。「絵をかく」とは日本人になるように躾をし、生活の知恵を授けていくこと、すなわち育児です。

私たちは子供たち一人一人の特徴に合った絵をかいていかねばなりません。そうすることがその子の幸せにつながることであり、同時に日本人の社会が望んでいることであるのです。

わが子がどんな子になろうとも

この絵は途中から両親のほかに子供の師と友が加わって仕上がっていきますが、できあがった絵については私たち親が責任を負わなくてはなりません。その絵が抜群によい出来で、世の中の多くの人のためになるようならば、本人はもちろん、それをかいた人すなわち親も称賛されるでしょう。その絵が甚だ劣悪なもので、世の中に多大な被害をもたらすようであれば、その非難もまた私たち親に向かって浴びせられます。

子供は世の中との独自のつき合いはほとんどありません。したがってもし、わが子が社会に害悪を及ぼすような人間になった場合、「世の中が悪いからこうなったのだ」という言い逃れは許されないことになります。百歩ゆずって、かりに世の中が悪かったとしても、その悪い世の中から何故子供を保護してやらなかったのか、という理屈になるので、とどの詰まり、親の責任だということになるのです。

私たち親は、自分の子供が良い子になっても悪い子になっても、それは自分たち、親の責任だということを毎日毎日、自分に言い聞かせ、自分を戒《いまし》めていかなければなりません。

私たちは与えられた紙にどんな絵でもかくことができます。また、どんな絵をかこうと私たちの自由です。しかし、その自由には厳しい条件がついています。それは自分が子供に教えた結果がどんな結末に終ろうとも、その責任をとる覚悟のある場合に限るということです。

６　生命の持つ四つの意味

私たちが今この世にいるのは、遠い祖先からの生命が一度も跡切れることなく続いているからですが、この生命の繋《つな》がりを、細い一本の糸にたとえてみましょう。この糸の先端部分の、ほんの少しが私たち個人の生命であり一生です。これを「個の生命」と言います。この糸を始まりの端から一本全部を取り出したと仮定しましょう。するとこの糸全体が見えますが、これはその人の属する「家系の生命」です。このような糸の何万本かを、言語とか習慣など、共通する特徴でまとめて縒《よ》ると一本の紐になります。これを「民族の生命」と呼ぶことができるでしょう。さらに地球上にある紐全部を縒り合わせて太い綱にすると、人類という「種の生命」になります。

このように人間の生命には四つの意味があります。もし細い糸が切れれば個人はもちろん、その家系はそこで終わりになり、紐が切れるとその民族は消滅します。太い綱が断たれると、それは人類絶滅の時です。

私たちが〝今、生きている〟と実感し、〝明日も生きたい〟と願うのは、この四つの生命を未来へ向かって伸ばそうとしていることであり、具体的には子を産み、育てること、すなわち育児なのです。そうして育児の受け持つ範囲は、細い糸と、一本の紐までです。太い綱の行方は神様の受け持ちです。

ところで細い糸、つまり個人と家系の生命の意味は私たちにもすぐわかりますが、一本の紐、すなわち日本人という民族の生命の意味については、少し掴《つか》みづらいかも知れません。それについて考えてみましょう。

今ここに生まれたばかりの赤ちゃんがいるとしましょう。この児《こ》はしかし、まだ「人間」ではないのです。もちろんまだ「日本人」でもありません。将来「人間」になるはずであり、「日本人」となるはずなのですが、しかしまだそうなってはいません。

犬や鳥は生まれた時から死ぬまで、犬は犬だし鳥は鳥です。それ以上にもそれ以下にもなりません。しかし人間だけは違うのです。もし生まれて間もなく狼に育てられれば、その子は狼として成長してしまうのです。

一九二〇年一〇月一七日、インドの洞窟で狼に育てられていた二人の少女が保護されました。二人にはアマラとカマラという名がつけられ孤児院に収容されました。この時の二人の年齢はそれぞれ一歳六ヶ月、八歳と推定されました。二人とも乳児の時に狼にさらわれて育てられていたと考えられました。その後二人は人間として手厚く養護されたのですが、アマラは一一ヶ月後に狼の生態と行動のまま死亡。カマラは一九二九年一一月一四日尿毒症のために死亡。カマラはその九年間の保護と教育によって人間の三〜四歳の行動に達したと推定されていますが、狼の習性も残したままでした。これは狼のインプリンティング（39項参照）を受けた乳児の有名な記録です（『狼に育てられた子』J・A・L・シング　福村出版）。

何とも悲しい実話ですが、しかし生まれたばかりの赤ちゃんはまだ「人間」ではないことを、はっきりと証明しています。

人間にする

人間は「人間らしく生きる方法」を、生まれながらには持っていません。私たちは脳が著しく発達したために、人間としての行動パターン（11項参照）のほとんどがはっきりしなくなってしまったのです。すべて教えられ、常に練習しなければ、私たちは何もできなくなってしまいました。

「人間らしく生きる」——これはよく聞く言葉です。人間らしく生きるには、それは人間でなければできません。だが赤ちゃんはまだ人間ではない。人間になるためには、悉《ことごと》く教えられなければならない。赤ちゃんは「人間らしさ」というものを、何一つとして持って生まれて来てはいない、つまり手ぶらで出て来ているのです。

この、まだ人間になっていない赤ちゃんに、人間としての行動パターンを身につけさせることが「躾」、「教育」です。そうしてそれを実行する人が母であり、父であり、師であり、友であるのです。

私たちが今、人間らしく生きているということは、自分の力だけで、一人でこのようになったのではありません。さきの四人の人と、そのほかに親切と好意を持った人たちにすべて教えてもらった結果、人間になることができたのです。だから、今度は私たちが赤ちゃんに教えてやらなければならない、赤ちゃんを人間にする順番がまわってきたのです。

7　日本人という民族の生命

人間は人類という地球上の一生物にすぎないと見る場合には、人間の生命には二つの意味しかありません。すなわち「個の生命」と、「種の生命」です。

もし育児の目的がこの二つの生命を維持するだけでいいのなら、育児とは楽なものです。何故なら個の生命は食欲によって、種の生命は性欲によって維持されるのですが、その食欲と性欲は別に親が教えてやらなくても、自然に湧いてくるものだからです。しかし「しっかり育てろ」と命令している祖先は、それだけでは足りないと言っています。それだけならば人間は動物でしかないからです。では何が足りないのか――。それは文化の継承です。

人類には多種の民族があり、それぞれに特有の文化を持っています。ここで大切なのは、ある民族の文化はその民族でなければ引き継ぐことができない、ということです。一五三三年、インカ帝国はスペイン人によって滅ぼされました。そうしてインカの文化も死にました。スペイン人にとってインカの文化は何の価値もなかったのです。

育児の目的は文化の継承であるという観点に立つと、人間の生命の意味のうち、一本の糸（その子とその家系の生命）と、一本の紐（民族の生命）の意味がはっきりしてくるでしょう。すなわち一本の紐とは「日本人という民族の生命」のことです。

もしもこの紐が切れるようなことになれば、日本の文化は消滅してしまうし、また日本の文化が消滅すれば（たとえば外国に占領されて日本語を禁止された場合など）、それは日本人という民族の終焉《しゅうえん》を意味するのです。日本の文化は日本人でなければ引き継ぐことはできません。そのためには、日本人という民族の生命が精神的にも肉体的にも健康でなければならないのです。

すなわち育児とは「その子とその家系の生命」と「日本人という民族の生命」とを、いずれも健康な状態で未来へ向かって伸ばす仕事であり、その担い手としての日本人を育てることなのです。これが「子育て三つの問い」の二番目、「何のために子供を育てるのか」の答です。

文化の継承などというと、私たちはすぐ絵画だとか、彫刻だとか、建築だとか、文学などを思い浮かべます。たしかにこれらは、文化の継承が形のあるものとして残ったものですが、これらのものが現在あるということは、それらを制作した人たちが、日本人だったからです。この人たちの中には、ラフカディオ・ハーン（小泉八雲）のように、人種的には日本人でない人もいます。しかし彼の心は日本人だったのです。

子供を日本人にするには、日本語の使い方、箸の持ち方、挨拶の仕方、料理の作り方など、日本人としての生活の知恵を身につけなければなりません。文化の継承とは、すなわち日本人の生活を継承することなのです。

日本人にする

私たちは、子供に日本人の生活習慣を、自信と誇りを持って正確に教えていかなければなりません。私たち日本人は、子供を日本人にするために、そのためにのみ育児をやるのです。裏を返して言えば、私たちは子供を、どう逆らってみても日本人にしかできないのです。

私たちが子供を育てるとき、日本人と生活習慣の違う民族の育児法を取り入れたりすると、それでもその子供は最終的には日本人にしかならないのですから、その子供は日本人の社会で生活することの下手な、日本人らしくない日本人になるだけなのです。

たとえばどこかの家庭で、靴をはいたままで家の中に入り、食事の時は決して箸を使わずにナイフとフォークで食べ、夜は必ずベッドで寝る、という生活で、赤ちゃんのときから子供を育てたとしましょう。

そうすると、この子は大きくなってから、きっと不便な思いをするはずです。それは、この子はこれらの点で日本人の社会にうまく結合できない、つまり日本人の社会になじまない部分を持った大人になっているからです。

もし、こういう大人が多くなれば（いや、現実には、もうかなり多くなっていますが）、「日本人という民族の生命」は将来危険にさらされます。何故なら、日本人の社会に結合できない部分を持っている人には、日本の文化を破壊することはできても、継承するのは難しいからです。

8　誰のようになりたいのか　何に人生を懸けるのか

人間は動物と違って自分の考えや感情を言葉によって相手に伝えます。言い換えれば自分の気持を相手に伝える方法は言葉しかないのです。だから私たちの赤ちゃんは将来、美しい日本語を正確に、数多く使える大人にならなくてはなりません。赤ちゃんは、そのようにしてくれるに違いないと信じて生まれてきているのです。

日本語を覚えること、これが日本人への第一歩です。そのためにはまず、最初の先生である母親が美しい日本語を正確に数多く使えなくては、事は始まらないのです。それには国語の勉強です。これはやはり本を読む以外に方法はありません。子供に言葉を教える時にすぐ使えるという点で、私は次の二種類のものをおすすめします。

その第一は、日本に昔から言い伝えられてきた「おとぎ話」の本です。できるだけ多く、しかも暗記するぐらい読みましょう。早い子供で二歳ぐらいから、子供は本を読んでもらうことをとても喜ぶようになります。この時、子供は母親の言葉を一所懸命に覚えようとしているのです。何回も読んでやって、子供のほうがすっかり覚えてしまっている場合などは、うっかり母親が読み間違ったりすると、たちどころに「そこは違う」と言って、子供から注意されます。子供は真剣に聞いているのです。

もう一つの本は偉人伝です。赤ちゃんを日本人にするには、それは日本人にしかできないことですから、昔から日本で立派だったと言われている人の伝記を読み、また、読んでやることです。〝偉人伝を読め、とは古くさいことを言う〟と思う人もいるかも知れません。しかしそうではないのです。親が子育て三つの問いに対して、しっかりした答を出し、それに則《のっと》って育てられていくと、子供は長ずるにしたがって自分の人生指標を立てていきます。その中で特に次の二つが重要です。
一、誰のようになりたいのか
二、何に人生を懸《か》けるのか
子供は多くの偉人伝に接し、その中で感動を与えてくれた人の影響を受けて、この二つの指標を決めていきます。

このことはまた、三つの問いの三番目「どんな大人になってほしいのか」の答を出す時に重要な要件となります。

9　期待される大人像とは

子供は大人になった時、一人の日本人として個人で生きていくことと、日本人の社会の一員として生きていくことの、この二つの生き方を両立できなくてはなりません。社会の一員としての生き方のほうが、個人の生き方より複雑なので、とくに私たちは子供に対して、みんなと仲良く助け合っていく社会人になるように躾をしなければなりません。これが、「どんな大人になってほしいのか」という課題の中身です。

そうしてこのことこそ、戦後七二年以上たった今日ですら、躾においても教育においても、いまだに解答の糸口すら見つかっていない重要な課題です。しかもこの課題の解答については、まだまだ国民の合意は得られないだろうと思います。

要するに、親が子供に対して「こういう人になれ」ということを、はっきり示すことができないまま、漫然と育児をやる状況がまだ続いています。

どうしてこんなことになってしまったのか――、理由は簡単です。「日本を二度と立ち上がれないようにする」という戦後の占領政策が、今でも私たちを縛《しば》っているからです。その中の一つ、アメリカ教育使節団（昭和二一年）の残していった報告の恣意的な解釈による流言、『子供には無限の可能性があるのだから、親や教師は余計な手出しをするな』、この毒薬がまだ効いているのです。しかし、子供に無限の可能性などありません（115項参照）。

失われた愛の強制力

占領政策はそれまでの日本の育児目標を奪いました。すなわち、「子供は誰のものか」、「何のために子供を育てるのか」、「どんな大人になってほしいのか」――この三つの問いに誰も答えられなくなったのです。

それからというものは、育児や教育で必要なことが次々と葬り去られていきました。それにつれて動物を飼育するような育児、誰が先生なのかわからない無秩序な教育へと変貌していったのです。

育児の実際においては「添い寝すると独立心が育たない」、「赤ちゃんをオンブすればガニ股になる」、「母乳で育てると体格が良くならない」、「抱き癖をつけると乳離れが遅く、自立心が育たない」などと、何の根拠もないことがまことしやかに言われたものです。

ところがここで禁止されていることは、どれもこれも絶対に必要なものばかりです。中でも抱き癖は必要不可欠のもので（41項参照）、赤ちゃんはこれによって母との一体感を持ち、そこで母の愛を一身に受け、愛とはどんなものかを知るのです。

人間は経験したことのない事態にはうまく対応できないものです。愛というものに応える最初のトレーニングである抱き癖がついていないと、その後子供が成長してから出会ういろいろな愛、たとえば兄弟愛、友情、師弟愛、恋愛などに対して、どう対応すればいいのかわからないという人間になる可能性があるのです。抱き癖は悪いものだと思い込んだのは大失敗でした。

このように戦後の育児では赤ちゃんの心の発育に必要な生活習慣が、ことごとく無用のものとして放棄されていきました。その結果、愛情に自信のない親と、愛を与えられた経験の少ない子供との親子が、日本中いたる所にできていきました。親が愛情に自信がなければ、子供に対して愛の強制力を働かせることができません。要するに、「黙ってお母さんの言うとおりにしなさい」という言葉が言えないのです（15項参照）。もちろん子供のほうも黙って従う気はないでしょう。

このことは、さらに重大問題を発生させました。それは育児の上で最も重要なこと、すなわち「物事の善悪」を子供に教えるのが困難になってしまったことです。

物事の善悪というものは、相談して決めることではありません。善悪は初めから決まっているのですから、子供には強制的に教え、従わせるのです。しかし愛の強制力がないと、たとえば子供がバスの中で騒いだときなど、「それは悪いことだからやめなさい」とは言えず、「運転手さんに叱られますよ」などという、人のせいにした言い方しかできなくなるのです。子供にしてみれば「では運転手がいいと言えばいいのか」ということになってしまいます。

とうとう学校では、物事の善悪を多数決で決めるという、信じられないことをやり始めたのでした。言うまでもなく、多数決とはいくつもある手段の中で、どれをとるかという場合に使う方法で、物事の善悪の判定に用いるものではありません。まして何が善悪かを知らない子供たちに、どうして判断ができるでしょうか。

このようにして家庭にも学校にも、子供たちに物事の善悪を教える人が少なくなってしまいました。大人であろうと子供であろうと、物事の善悪がはっきりしなければ、頼れるのは力だけになります。家庭内暴力、いじめ、少年犯罪が急激に増加していった理由には何の不思議もないのです。

周章狼狽《しゅうしょうろうばい》した親や教師は、それでも誰一人として本質を探求しようとせず、「明るい豊かな子供を育てよう」などという、育てるほうも育てられるほうも、よく考えてみたら何のことだかわからない抽象的で空虚な合言葉のもとに、必死になって事態の改善をはかろうとしました。

しかし、こんな言葉の遊びだけで表面をとりつくろっても、何の解決策にもなりませんでした。このように「どんな大人になってほしいのか」、という育児や教育の原点を戦後の親や教師が避けて通ってきたために、戦後七二年以上たった今日でも事態は悪くこそなれ、改善の兆しは一向に見えてきません。

10 「他人に迷惑をかけない人になれ」は最悪の育児方針

子供を育て、教育していく過程では「こういう人になれ」という言葉を、実際にはくり返しくり返し言わなくてはならないのですが、それが、どう言ったらいいのか誰にもわかっていません。

子供にどんな人生指標を与えればいいんだろう…。「明るく豊かに」——これは子供には、いや大人にだって、どうやればそうなるかわからないし…。

そうこうしているうちに、苦しまぎれに思いついたのが「他人に迷惑をかけない人になれ」という、いい加減な責任逃れの言葉でした。そうして現在、この言葉は子育ての目標のように思われ、独り歩きしています。この言葉は表面的には別にどうでもないように見えます。しかし注意深く解釈すると、実は大変な言葉だということに気がつきます。

まず「他人」とは誰を指しているのでしょう。次に、自分が何かやった行為が「他人」にとって迷惑になったのかどうか、この判定は誰がするのでしょう。当然、その本人が判定することになるでしょう。

世間や社会を、ふつう他人とは言わないので、「世間に迷惑をかけない人になれ」という意味にはとれません。そうすると結局この言葉は、「他人にとって迷惑でないと自分で判断したら、何をやってもいい」、という意味になるのです。

すなわち実態としては何も教えていないし、指標にもなっていません。禁止事項もありません。要するに育児方針になっていないのです。子供に自分の人生観を語らず、生きる目標と理由を子供と共に考えることもしない、そういう親たちの逃げ口上です。

だから「他人に迷惑をかけない人になれ」というのは「私たちは物事の善悪の判断ができないので、お前たちが自分で勝手に決めろ」と、子供に言っているのと同じなのです。

なんと「運転手さんに叱られますよ」と言った親、物事の善悪を多数決で決めようとした教師、これらの人たちの責任逃れのやり方と、ぴったり符合するではありませんか。

どんな大人になってほしいのか

「他人に迷惑をかけない人になれ」という言葉について、もう少し触れておかなければなりません。というのは、この言葉には「子供は親に何を求めているのか」という子育ての出発点が、はなから念頭にないからです。

先に述べたとおり、子供が親に求めていることは、自由だの、権利だの、独立などではありません。無条件、無制限の愛による「強い保護」なのです。それはどんな些細なことでも常に真面目に本気で聞いてくれて、最後は必ず味方になってくれるという固い絆＝アタッチメント（42項参照）のことです。それなのに、このような言葉で冷たく突き放されては、子供の立つ瀬がないではありませんか。

人間は、生まれた時は自分の身体を移動させることすらできません。これはすでに他人に迷惑をかけていることです。その後もずうっと、子供は多かれ少なかれ、いや多大な迷惑を他人にかけて成長していきます。

かけられたほうの人たちは、別段迷惑だとは思わず、親切と好意で育ててくれます。これを私たちは「世話になる」と言います。このかけてしまった迷惑、つまり世話になった分は、その子が成長してから世の中に返せばいいのです。また、返さなくてはなりません。このことが最もはっきり現れるのは、お年寄りを大切にすることです。何故なら、そのお年寄りの世代が若い時に支えていた社会に、多大なお世話になって私たちが成長してきたからです。お年寄りを大切にできるのは、人の心の痛みのわかる、心のやさしい人間だけです。

先述した子育て三つの問いの三番目、「どんな大人になってほしいのか」の答のうちの一つ、それは「人の心の痛みのわかる、心のやさしい大人になってほしい」、です。

人間は一人では生きていけません。みんなで助け合って生きていくのです。この助け合って生きていく仲間は親子であり、兄弟姉妹であり、友人であり、夫婦であり、村であり、町であり、国であるのですが、これらを「他人」という言葉で表現するのは不適当です。だから子供に世間とのつき合い方を教える時、「他人に迷惑をかけない人になれ」と教えるのは間違いであり、これによって誤解を生じ、実態は、わがままそのものになります。すなわちこの言葉を子育ての指標にしていたら、子供をわがままにするだけです。

この「他人」と「世間」、「個人」と「社会」、「私」と「公」についての言葉の混乱は、もとを正せばアメリカ教育使節団の報告書（115項）にたどり着くのです。すなわちこの報告書を貫いている「デューイの思想」にその淵源があり、その行き着いた結果が現在世の中に氾濫している「自己実現」、「自己決定」、「自分らしく」などという、反省が欠落している上に、責任も伴っていない、自己中心の勝手な言い分です。しかも近頃、これらの言葉が国語として「標準化」してきています。これは由々しいことです。

11　人は愛する人のために尽くす

自分が生きていることも知らず、生きる目的も知らず、親子の関係もわからない動物に対しては、自然は行動パターンという、正確で精密な生活設計図を与えています。故に、動物は生きようと思って生きているのではなく、死なないから生きているのです。

しかし、自分が生きていることを知っており、生きようと思って生きていく私たち人間には、その設計図は与えられておりません。故に人間には自由な行動、自由な生き方が許されているのです。

しかしまた、それが許されているが故に、人間には生きていくための理由、あるいは生きていてもいいのだと納得するための理由がなくてはなりません。この理由を持つことが生きる目的を知ることであり、生きがいを持つことなのです。人間は自分が何のために生きているのかがわからなくなれば、自殺するか悪事を働きます。だから私たちは子供に、生きようと思って生きていかなければならないことを教え、生きていく目的と目標を示してやらねばなりません。

この時「他人に迷惑をかけない人になれ」、ではだめなのです。この言葉は、先に述べたとおりの誤解を招くばかりではなく、これでは子供に生きがいを与えることができないのです。わざわざ説明するまでもないかもしれませんが、もし厳密に他人に迷惑をかけないようにしようと思ったら、その人は自殺するしかないでしょう。なぜなら、その人は他人の吸う空気を吸い、他人の食べる米を食べるからです。これでは生きる理由もヘチマもなくなってしまいます。

生きがいとは、「自分は誰かのために役立っているのだ」ということを信ずることです。自分は自分以外の、少なくとも一人以上の人たちのためになっているのだ、自分がいなくなれば困ったり悲しんだりする人が少なくとも一人はいるのだ、ということを信ずることです。

だから子供には、「人のため、世の中のためになる人になれ」と教えなければなりません。そうして、子供がこの目標に向かって進んでいく時の注意事項として、「自分がされて嫌なことは、人にしてはいけない」と戒めるのです。

人は愛する人のために尽くしたいものです。

だから子供は、人を愛することのできる人間にならなければなりません。そのためには愛された経験を持っていなくてはなりません。愛を与えられたことのない子にとっては、愛とはどんなものかがわからないのです。子供は親の愛に触れ、その愛を与えてくれた親のために役立ちたいと思います。このことが人のためになりたいと思う第一歩であり、子供が将来に生きがいを見出す出発点となるのです。

なお子供が将来、友情とか恋愛など、愛で結ばれた対人関係を築くための基礎トレーニングを終えるのは生後三歳までです。これについては後であらためて述べます。

12 「お前を頼りにしている」

子供は二歳を過ぎる頃から親や兄弟のすることを、なんでもかんでも真似するようになります。これは、まわりの者のすることをお手本として自分の脳に焼きつけ、知能の発達に役立てているのです。

それと同時に、たとえば抜けた引き出しの取っ手などが落ちていると、それを元の所にはめようとしたりして、少しずつ自分の考えで何かをやってみようとし始めます。また一方では、ドライバーをコンセントに突っ込んだり、ハサミを使おうとしたり、まったくちっとも目が離せません。しかしこういう時、なんでもかんでも「いけません」の一点張りではなく、その子にでもできそうな、ごく簡単な仕事をさせるといいのです。そうしてそれがうまくできたら「ありがとう、おかげで助かったわ」と、心から褒めて抱きしめてやるのです。そうすると子供はとても喜んで、またお母さんの役に立とうと、自分にできる仕事を探すものです。

これを見てもおわかりのように、この頃から子供はもう愛する人の役に立つ喜びを感ずるようになっているのです。

さてそこで、子供がもう少し大きくなって五歳を過ぎる頃になったら、親は自分たちの老後のことを、いつも話題にするように心がけることが大切です。そして「私たちもいずれ歳をとって働けなくなるが、その時はどうする」と聞いてみましょう。ほとんどの場合、子供はどんと胸を叩いて「ボクが働いて食べさせてあげるから心配はいらない」と言うものです。そうしたら、「そうか、よかった。お前のようないい子がいて、こんな嬉しいことはない」と言ってやるのです。

また、自分の老後は子供の世話にならなくても大丈夫だという自信のある人でも、子供が小さいうちは「私たちが歳をとって働けなくなったら、お前たちの世話になって死んでいきたい。老人ホームなんかへは行きたくない。頼むよ」と、しょっちゅう言うことが肝心です。それを、いかに自分に厳しく、また、いかに子供のためを考えたとしても、「私たちの老後は自分たちでなんとかする。お前たちの世話にはならない。迷惑はかけない」とは絶対に言ってはいけません。

この言葉は大人の世界でだけ通用する言葉です。子供には理解できません。このように言われると、子供にとっては「お前は頼りにならない、いてもいなくてもいい人間だ」と言われたのと同じ、つまり愛する人に尽くす喜びを、門前払いにされたことになるのです。そうすると子供にとっては、大好きな最も愛している親から見放されてたことになります。これでは、親孝行など、したくてもできなくなってしまいます。

「お父さんもお母さんも、お前たちのようないい子が授かって本当に幸せだ。歳をとって働けなくなっても安心だ。だから今日も精いっぱい働くことができる」。

この言葉こそ、幼い子供に生きがいを与える最初の言葉なのです。

三世代同居に向けて

この「老後の話題」には、実はもう一つ重要な意味があります。

現在はいたる所に老人ホームがあり、また、お金持ちの老人は子供の世話になどならなくても自分たちの力だけで老後の生活を送ることもできます。しかし、これからわが国が迎えようとしている超高齢化社会に突入すれば、老人ホームや施設があっても、そこで働く人がいない、という時代になると予想されるからです。

平成六〇年頃になると、大ざっぱに言って一人の生産年齢人口（一五歳から六四歳まで）で老年人口（六五歳以上）の一人を養わなければならないという社会になります。これは大変な事態です。しかもあと三〇年ぐらいしかありません。

どうすればいいか——。私は、三世代同居以外に方法はないと思います。

子供が五歳を過ぎたら親の老後のことを話題にすることが肝心だと申したのは、まさにこのことのためであり、子供の老後のためなのです。

子供は親から老後のことを「よろしく頼む」と言われると、「ボクにまかせなさい」という気持になります。子供の心の中にはこの時、大好きなお父さんお母さんの一番困った時に助けてあげられるという満足感がわきます。これが子供の生きがいに繋《つな》がることは先に述べたとおりです。

だから私たちは親の面倒を見なければなりません。親の面倒も見ないで子供に自分の老後を見てくれと言ったって、それは通用しません。だいいち、やって見せもしないことを子供にやれと言っても、子供はどうすればいいのかわからないでしょう。親のすることを見、自分もやってみることによって、今度は子供が自分の老後を頼むことができます。くり返しますが、私たちが自分の親の面倒を見ることは私たちのためでなく、子供たちのためなのです。

もし私たちが今、三〇年後をしっかりと見据えて、このことをきちんとやっておかなければ、つらい思いをするのは私たちではなく、私たちの子供であることを忘れないようにしましょう。

ここで一つ、念頭においておかなければならないことがあります。それは三世代同居で親の面倒を見なければならなくなる頃には、介護保険制度は破綻《はたん》して役に立たなくなっているだろうということです。

13　善悪をはっきり教える

子供は親の愛に触れ、その愛を与えてくれた親のために役立ちたいと思います。このことが「世のため、人のためになりたい」と思う、すなわち将来に生きがいを見出す出発点となります。この気持、つまり愛する人のために尽くす喜びを、子供はもう二、三歳から覚えるようになるのですから、子供というものは基本的に親孝行したいものなのです。だから子供はいつも親を喜ばせたい、親の喜ぶようなことをしたい、と思っています。

しかしだんだん成長していくにつれて、親が喜ぶようなことというのは、そう毎日あるものではない、ということが子供にもわかってきます。このことがわかってくると子供は、それならば少なくとも親が悲しむようなことはしないでおこう、と思うようになるのです。

ここで大切なのは、子供の気持がこのように変化していくためには、どんなことをやったら親が悲しむのかということを子供が知っていなくてはならない、という点です。もちろん親が喜ぶのは「良いこと」をした時であり、悲しむのは「悪いこと」をした時です。

したがって私たちは子供が一歳を過ぎたら、正しいことと間違っていることをはっきり教えていかなくてはなりません。ときには体罰を用いなければならないこともあるでしょう。

子供のいたずらや悪事を叱り、諭《さと》す時、実際にはどうすればいいかというと、少なくとも子供が小学校に入るまでは「それは悪いことだからやめなさい」でいいのです。もし子供が「どうして悪いの」と、そのわけを聞いても、「お母さんが悪いと言ったら悪いのです」――この一点張りでいいのです。

ここで重要なのは、「これこれこういうわけだから、お前のしたことは悪いことなんだよ」と説明しないほうがいいということです。

理由は、子供は大人が求めるような説明を望んでいるのではないからです。というのは、子供のしたことでも、それを正確に、ちょうど裁判の判決のように説明しようとすれば結構難しい理屈になるものです。そうすると結局、子供にはわからないのです。

私には面白い経験があります。長男が五歳の時、二人でスキーに行き、リフトに乗りました。ゲレンデの中頃まで来た時、後ろの椅子に乗っていた長男が突然大きな声で質問してきました。

「お父さん、これ、どうして上へ登っていくの」

私は一瞬、答に詰まってしまいました。〝モーターでケーブルを回して、そのケーブルに椅子がついていて…。待てよ、ケーブルと言ったって、その意味がわからないな…〟などと考えているうちに、また後ろから、ガラガラいう滑車の音を突き抜けるようにして、長男の子供特有のカン高い声がしました。

「お父さん、わかったっ。動いているからなんだね」

「そうだ。よくわかったね」

――こんなものなのです。

14 「悪い」の一点張りでいい

注意する時「それは悪いことだからやめなさい」の一点張りでいいし、「どうして悪いことなの」と聞かれても、そのわけを説明する必要はないと申しました。

それにはもう一つ理由があります。うっかり下手な説明をして子供にやり込められたらどうするか――。子供は別にそんな気持で言ったのではなくても、親はやり込められた気がしてしまうので、その次から何かと面倒なことになるでしょう。いちいち説明することにしていると、物事の善悪のうちでも、説明の簡単なことについては教えることができるけれども、難しいことについては教えることができない、という羽目に陥ります。

たとえば「人を殺すのは悪いことだ」ということについて、何故それが悪いことなのか、と正面きってたずねられたとしましょう。なかなかうまく説明ができないでしょう。しかし、「人殺しは昔から悪いことに決まっているんだ」と答えたら、この一言のほうが、はるかに説得力があるはずです。

簡単なことについては説明するが、難しいことについては説明しない――これでは首尾一貫していなくて子供は納得しません。だから「すべて説明しない」に統一するのです。また「お父さんが悪いと言っているから」という言い方で母親が子供に言うのもいけません。このように言うと、子供には「お母さんにはそのことの判断ができません」と言っているように聞こえるからです。

さらに、このような言い方をいつもやっていると、子供は母親のいない時に父親にそのことを確めます。父親がうっかり「そんなことを言った憶《おぼ》えはない」などと言ってしまったらどうしましょう。お母さんはウソつきだ、という不信感に繋がっていくのです。「お父さんが悪いと言っているから」というやり方の延長線上にあることなのですが、やや大きくなった子供に対して注意を与える時、よく次のような言い方をする親がおります。それは、「世間では、それは悪いことだと言われているから」という言い方です。これは最悪です。私は以前、北海道から委嘱をうけて旭川市の中学生の非行問題にたずさわったことがありますが、その中で、この言い方は共通していました。このように言われると子供は必ず、「それではアンタの意見はどうなんだ」と言います。言わないまでもそう思います。

子供が親をアンタと呼んだらもう立派な問題児ですが、アンタと呼ばせるようにしたのは、実はこの言い方です。「世間で云々」と言うと、なんだか客観的で格好良く聞こえますが、内容的にはとんでもない。「お向かいのお父さんが悪いと言っているから」と言うのと同じことなのです。

子供は親に対して強い保護と指導を求めています（3項参照）。それをこのように言われたのでは情けなくもなるでしょう。

「よその家ではどうか知らないが、ウチではオレが悪いと言ったら悪いんだ。今にわかる」

――これでいいのです。

15　愛の強制力──黙ってお母さんの言うとおりにしなさい

物事の善悪というものは相談して決めることではありません。初めから決まっているのです。子供はその判断がまだできないから親が教えていくのですから、これに説明などいらないのは当然なのです。もし説明されてその意味がわかるのなら、その子は、そのことについてはもうすでにわかっているのです。

とは言え、説明もしないことを子供が聞き入れるでしょうか。当然の疑問です。しかし実際にはどうせ説明したってわからないのです。なんとか従わせるしかありません。

ここが愛情に自信のある親と、ない親との分かれ目です。子供に物事の善悪を教えるのは誰のためでもない、子供の将来を思えばこそなのですから、愛情に自信のある親は愛の強制力を発揮して「黙ってお母さんの言うとおりにしなさい」と言うことができます。子供のほうも〝ボクには何故このことが悪いことなのかわからないけれど、大好きなお母さんが悪いと言うんだから、きっと悪いことなんだろうな〟と思うのです。

決められた行動パターンを持っていない私たち人間には行動の自由があります。だから、どんなことでもやろうと思えばやれるのです。そのために私たちの行動には、常に善悪がついてまわります。もちろん子供のしたことでも善悪がついてまわるのは当然です。

親は子供の行動を常に厳しく監視していて、どんな些細なことでも、それが正しかったのか間違っていたのか、その都度はっきり言って聞かせなくてはなりません。もちろん、今日やったことを明日になって叱っても効果はありません。やった時に直ちに言わなくてはだめです。

子供は毎日毎日、それは正しいとか間違いだとか言われ、そう思い込んで大きくなっていきます。成長するにしたがって、親から教えられた「善悪の判定基準」を土台として自分自身の判定基準を作っていくのです。

愛を与えられた経験のある者でなければ、愛とはどんなものかがわからないのと同じように、善悪の判定基準も、まず親のほうから与えられなければ、子供は自分自身の判定基準を作り出すのが遅れるし、ときには誤った判定基準を持ってしまいます。

「反抗期」は自信のない親の逃げ口上

親が子供に善悪の判定基準を自信を持って示すことができなければ、子供は親を頼りないと思う一方、情けなくなります。先に述べた、「世間ではそれは悪いことだと言われているから」という言い方が、まさにこれに当てはまります。子供は、この言い方には甚《はなは》だ不満です。子供はお父さんの（お母さんの）基準が聞きたいのです。だから「それではアンタの意見はどうなんだ」という言葉が出てくるのです。

このような親が自分のやり方に行き詰まった時、共通して選ぶ逃げ口上が「反抗期」という言葉です。しかしこれは最近非常に問題視されています。というのは、子供の発育、成長の過程で自己主張が強くなるのは当然のことで、それは反抗ではないからです。

16　遵法精神を躾けましょう

子供に物事の善悪を教えていく時、同時にやらなければならないもう一つの重要なことがあります。それは遵法精神、つまり法律を守る精神を子供に植えつけることです。法を守る精神は、日常生活の中で子供の時から教えなくてはいけません。大人になってから急にやれといっても、なかなかできるものではありません。そのためには、まず親が法を守って手本を示さなくてはなりません。

私たちの日常生活で、うっかりやりがちな違法行為はいくらでもあります。たとえば立ち小便、吸い殻の投げ捨てなど、数え上げればキリがないのですが、中でも悪いものに自動車のスピード違反があります。

子供はスピードには特に興味があり、またスピードの出し過ぎが原因となった死亡事故などを知っているので、速度計をいつも見ています。

「あっ、お父さん、二〇キロメートルオーバーしてる」

などとよく言うものです。この時、

「なに、交通量も少ないし、誰も見ていないからいいんだ」

なんて言うのが最もいけないのです。追い越し違反の場合も同じです。

そんな些細なことが…と思われるかもしれませんが、これは些細なことではありません。自動車は一種の密室なので、こういうことが子供の目の前でしょっちゅう起こると、誰も見ていなければ何をしてもいいんだという考えが、いつの間にか子供の身についてしまうのです。

子供部屋についても同じことが言えます。子供に一人ずつ部屋を与える場合には、鍵はかからないようにしたほうが無難です。ただし親でも、その部屋に入りたい時は、ちゃんとノックをするのは当然のことです。それでも鍵がかかっていなければ、子供はやはり〝いつ誰に突然開けられるかわからない〟と思うので、自然に「いつ誰に見られても恥ずかしくない」生活をするのです。

日常生活で子供に法を守る精神を植えつけるには、「誰も見ていない場所」や「誰も見ていない時間」をできるだけ与えないようにすることが大事です。とはいっても、実際問題としてはこれはなかなか難しいことです。しかし、この難しい問題を一挙に解決できる方法が一つだけあります。それは神仏の存在を親が認めることです。そうして、できることなら信ずることです。もし神仏の存在を親が認め、信ずるなら、子供にとっても親にとっても、誰も見ていない場所や時間はたちまち消え失せてしまいます。いつでもどこでも神様や仏様が見ていらっしゃるからです。

また、親が神仏の存在を認めることができないという場合でも、子供にはいつも、

「神様が見ていらっしゃるよ」

「お釈迦様が見ておいでになるよ」

と言ったほうがいいのです。このように言ったからといって、育児の上でプラスになることはあっても、マイナスになることは絶対にないからです。

第二章

妊娠中にしておくこと
覚えておくこと

17　一姫二太郎とは

よく言われる言葉に「一姫二太郎」というのがあります。この意味は「子供が授かるのなら先に女の子が生まれて、次に男の子が生まれるといいのだが」という意味、すなわち生まれてくる順番に対する願望を言っているのです。「女の子が一人と男の子が二人ほしい」という意味ではありません。何故こういう言葉ができたかというと、女の子より男の子のほうが育てる上で何かと面倒だからです。初めて出産する若い母親は、育児の初心者なので、育てやすい女の子が最初に授かると、育児上の悩みが少なくてすみます。

現実の問題として、たとえば風邪ひき、腹痛など、ごく普通のありふれた病気でも、男の子の方がかかりやすいし、注意がゆき届かないと重症にもなりやすいのです。また、引越とか、旅行などという生活環境の変化に対しても、それに順応する力は女の子のほうがすぐれています。

このことは人間ばかりでなく動物でもそうです。世界で最初に打ち上げられた人工衛星スプートニク一号には、宇宙での生活の記録をとるためにライカ犬が乗せられましたが、その犬はメスでした。オスだと、宇宙というような急激な環境の変化についていけなくて、安定した正確な記録がとれないからです。

精神的な面でも女の子のほうが安定しています。寝小便がいい例です。寝小便は精神的に不安定なときに発症しますが、その九割以上が男の子です。

しかし女性の生命力のほうが強い理由については、よくわかっていません。人間も地球上の動物の一種に過ぎないと見る場合、人類という種を保存していくためには、男女同数である必要はなく、せいぜい男性は女性の数の三分の一もいれば十分なのですが、こういった自然の摂理によるものなのかも知れません。

あるいはまた、女性と男性の身体の構造の違いのせいかも知れません。女性の腹の中、すなわち腹腔《ふくこう》は、卵管から子宮、膣を経て外界と交通しています。つまり女性の腹の中は外へ開いているのです。これに対して男性の腹腔は完全に閉じていて、外界から遮断されています。

もし腹の皮が破れたり、孔《あな》があいたりして、内臓が外の空気にふれるようなことが起こると、これはその人にとって大変なストレスですが、開腹手術の場合など、このストレスに対して女性は男性よりもはるかに強いのです。

さらにまた、女性が男性よりも丈夫なのは性染色体の問題かも知れません。やや難かしいことなので簡単に申しますが、女性の身体はＸＸ（ホモ）で、たとえていえばその強さは一枚岩のようですが、男性の身体はＸＹ（ヘテロ）で、石を糊でくっつけて岩にしたようになっているのです。

要するに女の子のほうが総じて男の子よりも丈夫にできています。だから、願わくば「一姫二太郎」なのです。

18　妊婦の体育

健全な精神は健全な身体に宿るものです。妊婦の健康状態がすぐれないと胎教の精神的な面の実践もおぼつかなくなり、母となることを喜びとするどころか、不安感や恐怖心がつのってきたりします。

また妊娠中の体育をしっかりやっておかないと、分娩の時おなかに力が入らず、お産が長引いたりします。さらに分娩の時は体力を消耗するので、妊婦の体力が不足しているとお産の後の体力の回復が遅いのです。

妊娠中は体力の保持に十分心がけなければなりません。妊娠中の体育は次の二つに分けることができます。

一、積極的な体育（体力づくり）
二、消極的な体育（保健衛生）
一番目には適度の運動や散歩などが含まれます。二番目は病気や事故に遭わないように注意することや、食事の栄養の問題などのことです。

まず一番目の体育について。よく次のような言葉を耳にします。妊娠中は栄養のある食物をたくさん食べて、良い音楽などを聴き、心身共に安静になるように心がけるべきだと。これはこれで確かに悪いことではないでしょう。

しかし私は必ずしも全面賛成ではありません。というのは、栄養をたっぷり摂《と》った上で身体を使わずのんびりしていると、身体がなまってしまい、身体にいわゆるハリがなくなってしまいます。そうすると、おなかの中にいる胎児は大きくなりやすいかも知れませんが、母親の筋肉がなまって弱くなっているのと胎児が大きくなり過ぎているのとで、思わぬ難産になったりすることがあります。

昔から「赤ん坊は小さく産んで大きく育てよ」と言われています。これはやはり私たちの先人の貴重な体験に基づいて言い伝えられた生活の知恵なのです。実際に、出生時の体重が大きいからといって、その後の成長の時に病気にかかりにくいということもなければ、まして大人物になる可能性が高いわけでもありません。赤ちゃんはバッチリと実が入っていれば、すなわち成熟していれば、生まれる時は小さいに越《こ》したことはないのです。こういう赤ちゃんが授かるように努力するのが妊娠中の体育です。

さて、体育ということになると肉体的なことなので、身体の構造が問題になります。人間が他の哺乳動物と違っている点はどこかというと、それは二本足で直立して歩くということです。

私たちの身体の具合の悪いことで、それが二本足で直立しているために起こる病気はたくさんあります。たとえば、痔、腰痛、子宮後屈、胃下垂、鼠蹊《そけい》ヘルニア。

こういった異常と妊娠中の体育とは大きくかかわってくるのです。

19　人類の子は動物としては早産児

人類の身体の構造は、他の哺乳類と基本的には同じです。しかし私たちは二本足で歩くようになったために、動物には発生しない不都合なことが出てきました。

その第一は、大きくなった脳の問題です。脳が大きくなったからこそ、私たちは知恵を働かせて道具を作り、他の動物を支配下におくようになったのですが、一方では、そのために人類は自分の胎児を未完成とも言える状態で生まなければならなくなりました。

動物の仔は、生まれるとすぐ自分の力で動きまわることができます。少々の危険からなら自力で逃げ出すこともできます。しかし人類の子には、とてもそんなことはできません。生れ落ちたら、さらに六～八ヶ月もの間、自分の身体を自分で移動させることすらできないのです。

人類を単に哺乳動物の一種としてみると、人類の子はすべて早産児として生まれてくるとも言えます。

だから人類の場合、ふつう一回の分娩で子は一人しか生まれません。一度にたくさんの子が生まれた場合、捕食獣がその赤ちゃん達に襲いかかってきたら、一人の母親の力で数人の赤ちゃんを同時に守りきることは不可能だからです。

なのに、どうしてそんなに急いで未完成のまま子を生まなければならないのでしょう。それは前述のとおり、他の哺乳類に比べて人類の胎児は頭が大き過ぎるからなのです。もし赤ちゃんの安全を考えるならば、人類の子も、生まれるとすぐ歩くことができる程度に成長するまで母のおなかに入れておいた方がいいでしょう。その場合には、さらに一年間胎内にいなければなりません。

しかしそんなに長い間胎内にいたら、その間に胎児の頭はさらに大きくなって、どうやっても母親の身体から出てくることはできなくなってしまいます。

四〇週という妊娠期間は、母体の方からいえばもっと短い方がいいし、胎児からみればもっと長い方がいいという、二つの相反する要求のいわば妥協点とみることもできます。

だから赤ちゃんは生まれ落ちた後も、歩いたり走ったりという運動機能の発達は後回しにして、さらに三年ぐらい、もっぱら脳の発育に力を注ぎます。

すなわち、這《は》うようになる六〜七ヶ月までの間に、自分の母親とそうでない人を見分けることが刷り込まれ、その後の二年間で、危険が迫った時、誰が自分を助けてくれるのかという、母親との信頼の基礎ができあがります。したがって、この二・五〜三年の間、母と子の関係がどういうものだったか、ということが後になって大きな意味を持ってくるのです。

20 子宮の宿命

二本足歩行による不都合の第二は内臓の位置の問題です。私たちの内臓、たとえば肺、心臓、肝臓、腎臓、子宮、腸などは、その納められている位置が他の哺乳類と同じ場所です。すなわち私たちが四つん這《ば》いの姿勢をとれば、これらの内臓は、犬や猫の内臓とまったく同じ位置になります。

動物の内臓は、前の方から順に背骨にくくりつけられて、ぶら下がったような状態になっており、腹の筋肉と腹の皮は、その底を形作って内臓を受け止めている形になっています。ところが人類は二本足で直立したために、腹の筋肉と腹の皮は内臓を受け止める底ではなく、横の壁になってしまいました。だから腹壁というのです。

腹は内臓を納めておく入れ物なので、底がなくては中身の内臓が下へ漏れ出てしまいます。二本足歩行の私たちにとって腹壁は底の役目を果さなくなってしまったので、甚だ不完全ながら骨盤がその代りとして底の部分を受け持つことになりました。

さて、なぜ骨盤では腹の底として不完全なのかというと、人類も哺乳類の一員なので、この場所には貫通する孔が必要なのです。すなわち本人が生きていくために必要な肛門や尿道、子孫を残すために必要な膣です。そのためには骨盤の真ん中に孔があいていなければなりません。

私たちの腹は初めから底が抜けているのです。このことが、二本足で直立した私たちにとって悩みの種となってしまいました。

妊娠から出産までの期間で、その間に起こる身体の異常な状態はたくさんありますが、

私たちがもし四つん這いで生活しているとしたら、その中でも次のような異常は起こらないですむでしょう。たとえば、

・腰痛
・痔
・鼠蹊《そけい》ヘルニア――いわゆる脱腸
・子宮後屈――子宮は女性が立っている時でも前に向かってお辞儀をしたようになっていなければならないのに、後ろへ反《そ》っている
・子宮脱――子宮が身体の外へ漏れ出てしまう
・頚管無力症――子宮の入口（出口）の力が弱く、しっかりと閉じていないために流産しやすい
・墜落分娩――歩いている時や排便中に分娩が突然起こり、胎児を落っことしてしまう
――などなど

特に子宮は子袋といわれるとおり、胎児を入れておく袋の役目をしています。そうしてその袋の入口は、四つん這いならば袋の上の方にあって、さらに後ろを向いていたのです。それが二本足で直立したことによって、入口は下へ向かってしまいました。子宮の一番奥の部分を子宮底といいますが、人類の子宮で「底」とは天井のことなのです。

人類の内臓の中で、子宮ほど二本足歩行による大きな被害を被った器官はないでしょう。

21 妊娠中の体力づくり

分娩が安産であるように、またその後に続く産後の期間、すなわち産褥《さんじょく》期を無難に切り抜けられるように、妊娠中は体力づくりに励みましょう。

動物は、妊娠中だからといって特別に制限しなければならない運動はありません。たとえば馬は妊娠中、特に激しいトレーニングをやります。とは言っても馬にできることといえば走ることだけですから、日課を決めて走らせるのですが、これをやらないと分娩の時、安産にならないのです。

人間の身体は、二本足による弱点を持っているので、そこに無理がかからないようなトレーニングを選ばなければなりません。すなわち積極的にやった方がいい運動と、やってはいけない運動や動作があるのです。

分娩の時に主役を務めるのは手でも足でもありません。腹なのです。腹の筋肉が激しく収縮して胎児を押し出すのですから、結論を言えば腹の筋肉が強くなるように、あるいは今までに持っていた腹筋の強さを失わないようにするのが、そのトレーニングなのです。

この時、常に注意していなければならないのは、私たちの内臓は四つん這いの姿勢をとれば最も安定した状態になるということを忘れないことです。したがって、あお向けになってする運動や、立った状態で上下に力のかかるような運動はいけないのです。

こうして見ると、妊娠中のトレーニングには歩くことと、四つん這いになってする仕事が適していることがおわかりでしょう。

一方、してはいけない運動や動作、それは原始時代の生活になかった動作です。日常の生活の中で、してはいけない動作について少し例を挙げてみましょう。

・ハイヒールをはくこと――かかとの高い靴をはいて歩くことは、二本足歩行の弱点である私たちの背骨を直撃するのです。

・重い物を持ち上げること――私たちの腹の最も弱い部分、すなわち腹の底へ強い圧力をかけます。

・すべること――妊娠中にスキーやスケートをやる人はいないと思いますが、すべるという動作は危険です。さらに転倒しようものなら大変です。したがって、はき物は決してすべらない底の物を選ぶことです。

・乗り物に乗ること――長時間自動車に揺られるというような、外部から加えられた振動にさらされるのはいけません。現在は優先席があるので心配ないのですが、ハイヒールをはいて吊革《つりかわ》につかまり電車に揺られる、などというのが最も悪いのです。背骨に無理がかかり、腹に圧力がかかるからです。

いつもならバスで行くような所へも、妊娠中は歩いて行くことです。歩くことも身体を動揺させますが、それはあくまで自分で作り出した運動なので問題はないのです。しかも歩いたり走ったりすることは昔から人類がずっとやってきたことなので、無理なことではないのです。

22　妊娠中の注意事項、禁止事項

平成一八年、一〇四歳で天寿を全うされましたが、私にはヨシエさんという、八人の子供を育て上げた先達がおりました。ある時の私たちの会話を再現してみましょう。

「おばあちゃんが子供を産んでいた頃、お姑さんや母親からどんなことを言われたの」

「どんなことって、何のことだね」

「たとえば、せっせと雑巾がけをしなさいとか」

「ああ、お産が楽だからってね」

「そう、そういうようなこと。ほかには」

「一所懸命に便所の掃除をすれば色の白い女の児が生まれる、とか」

「そのとおりやったの」

「うちの母親は迷信くさいことを言う、と思ったけど、どうせしなきゃならない仕事だし一所懸命にやったよ」

「なるほど、理屈に合ってる。おばあちゃん、そりゃ迷信じゃないよ。それでお産はいつも楽だったんでしょ」

「そうさな、産湯《うぶゆ》もみんな用意してから産婆《さんば》さん迎えに行ってもらったなぁ。楽だったかどうか…まあ普通だったね」

「おばあちゃんの娘さんたちにも、やっぱり同じことを言ったの」

「そりゃぁ言ったさ。自分が母親の言うとおりにして間違いなかったんだから」

「こういうことはしてはいけない、というのもあったでしょ」

「うん、高い所にある物を背伸びして取ったりしてはだめだと言われたなぁ。それから、たくあんの石だとか重い物を持ち上げるな、ってね」

ヨシヱさんが母親から言われ、それを守り自分の娘たちに伝えたことは、身体の構造からいって実に理に叶ったことばかりです。雑巾がけ、便所の掃除、これらはいずれも両手をついてする仕事、つまり四つん這いでする仕事です。こういう仕事が腹筋の鍛錬になり、安産への道に繋がるのです。

「事故から身を守る、というような意味の言葉では何かないの」

「そうだねぇ、火事を見ると赤ん坊にアザができるとか、やかんに口をつけて水を飲めば赤ん坊がみつ口になるとか…」

「それはどういう意味なの」

「火事場なんかへ行って突き飛ばされたりしたら大変だからさ」

「なるほど、あとのほうは」

「母親の行儀が悪かったら子供に躾ができないだろ。それと、さっきまで水だったのを誰かが沸かしてお湯になっているかもしれないしね。うっかり飲んだらヤケドをしてしまう」

これらは一種の脅《おど》しです。理論的に言えば、火事を見たからといって腹の中の赤ちゃんにアザができる、などという無茶な話はありません。やかんの水の場合も、もちろんそんなことはないのです。しかし、これらの言葉をヨシヱさんが後で説明したように理屈で言うとあまり効果が無いのです。というのは、理論には必ず反論ができるからです。

23　悪阻《おそ》（つわり）とは

私はヨシヱさんに、さらに悪阻（つわり）のことも聞いてみました。

「つわり、そんなものしているヒマはなかったね」

悪阻など暇《ひま》な人のすることだと言うヨシヱさんの言葉に、私もいささか驚きました。

「おばあちゃんは、つわりはなかったの」

「あったよ」

「なぁんだ、あったの」

「変かね」

「いや、変ではないけど…。じゃあ、おばあちゃんもつわりをしたんだ」

「そうだよ、ときどきね」

「要するにどういうことなの」

「我慢さ」

「なんだ。そうか、わかったよ」

「本当にわかったのかね…女の我慢をさ。どうせ男にゃわかるまいな…、まあいいさ。

それにそんなことがわかるんなら、こんだぁ男でなくなるもんな」

「ねぇおばあちゃん、そうすると毎日毎日、ガマンガマンで忍の一字かい」

「それ、やっぱりわかってない。男の言う我慢はな、偉そうに聞こえるけど、さっぱり長続きしない。女の我慢は男の我慢とは違うんだよ。つらいことがあっても、こんなもんだと思えばそれが当り前になって、あんまりつらくなくなるのさ。産みの痛みだって女だから我慢できるけど、男だったら一回目で気絶しちまうだろうな」

「……………」

「つわりなんてものは、なるかなんないか、なってみなけりゃわからないだろ。なったらなった時さ。どうせ亭主に代ってもらうわけにゃいかないんだから」

「そりゃそうだけど」

「びくびくしているからなるんだよ。びくびくしているヒマがあるんだな、そういう人は。わしの若い頃、それほど困ってはいなかったけど楽な生活じゃなかった。だからせっせと働いた。働いている時はつわりのことなんか思い出さなかったな。たまに気弱になってグチのひとつも言いたいような時、釜の蓋なんかを取ると、やっぱりムカムカとくることもあったよ」

「じゃあ、つわりとはたるみかい」

「いや、甘えだな」

「厳しいなぁ、相変わらず」

「当り前だよ。生半可《なまはんか》な気持で子が生めるかい。…あぁそうだ、てて無し子を産む母親につわりがないってことを知ってるかい」

「いや知らない。でも本当なの」

「本当さ。今でこそ未婚の母なんていうけど、昔はそりゃぁ肩身の狭いもんだったんだよ。それでも産まにゃぁならん。よほどの覚悟がなければできないことだ。真剣なんだよ。だからつわりになれないんだな」

今度は「つわりになれない」ときました。

どうせ男にはわからない、と言われましたが、ヨシヱさんの言いたいことは、この私にもわかるような気がするのです。


私の友人にOという産婦人科医がおりますが、彼にヨシヱさんの言ったことを話してみたのです。すると彼は真顔になって、

「そのおばあちゃんの言う精神論も、まんざら捨てたものでもないなぁ」と言うのです。

「ほう。そうすると、つわりは気の持ちようで全部治る」

「そうは言わないが、こんなことがあったよ」と言って、次のような実例を話してくれました。

O医師がA市立病院に勤務していた時のことです。C子さんという女性がO医師の外来を訪れました。

「私、妊娠したようなのです」

「ほう、それで」

「実は前に三回妊娠しているのですが、つわりがひどく、どうしても耐えきれなかったのです。それで三回ともおろしてしまったのです。今度こそ、今度こそと思ったのですが、吐いて吐いて、もう吐く物がなくなって、最後には血まで吐くのです。でも主人は子供を欲しがっていますし、私もどうしても今回はおろすのが嫌なんです。今回が最後のチャンスのような気がするのです。今度産めなかったら主人に申しわけがなくて…。どうしても産みたいのです。今回もだめだったら私、もう生きる力がなくなります。なんとか産ませてください。先生に私の命あずけます」

O医師の進退、まさに谷《きわ》まった状態になりました。

「よろしい。向う七ヶ月、お互いに頑張りましょう」と言ってしまったのです。

入院後の経過はひどいものでした。C子さんが最初に言ったとおりになったのです。

O医師は、中絶に踏み切ろうかと何度も迷いました。悪戦苦闘の連続だったのです。長い長い七ヶ月でした。しかしO医師とC子さんの努力は実りました。生まれたのは女の子でした。

「俺も血ヘドを吐いたよ」O医師は、その時のことをこのように言っていました。

その赤ちゃんが生まれてから一年ほどたったある日、O医師の外来に再びC子さんが現れたのです。

「先生、私、妊娠しました」

「えっ、また私に命をあずけに来たの」

気の強いO医師も、さすがに及び腰になりました。

「どうしたことでしょう先生、もう二ヶ月になるというのに、つわりが全然ないのです」

C子さんの二番目の子の時の妊娠は、何の苦もない経過をたどったのです。

ヨシヱさんの、がむしゃらな意見を産婦人科の医師が認めたので、私はなんだかすっきりした気持になりました。

「やっぱり精神的なものもかなりのウェイトを占めるんだね」

「うん、俺は思うに、娘時代に自分の母親から、つわりは苦しいものだ、つらいものだと、いつも聞かされていた女性が妊娠すると、本当に強いつわりになるような気がするなぁ」

24　発育は自動調節になっている

私たちは母のおなかに入った瞬間から、その後およそ二〇年間、一刻もとどまることなく発育と成長を続けていきます。二〇歳前後になると発育と成長は終り、身体が完成し、人間としての形を保って生き続けます。ちょっとした傷ならば自然になおっていくし、お風呂に入っても身体が水に溶けてしまうようなことはありません。

私は子供の頃、洞爺湖温泉町に住んでいたので、朝、顔を洗う時に温泉に入り、学校から帰っては温泉へ飛び込み、夜、寝る前にまた入るという毎日でした。だから温泉の中でいろいろなことを考えました。その中の一つなのですが、お砂糖やお塩はお湯の中に入れるとすぐ溶けるのに、ボクの身体はどうしてお湯に溶けてしまわないのだろうと、とても不思議に思ったものでした。

たった一個の卵子から始まった私たちの生命が、一二〇年近くまでも生き続けていくその力、生命力というものは一体どこからくるのでしょう。これはとても面白い問題ですが、残念ながら今のところよくわかっていません。ただはっきりしているのは、発育も成長も大人になった後についても、身体的なことはすべてが自動調節になっているということです。これは非常に重要なことなので、しっかりと覚えておいてほしいのです。すなわち背ばかりではなく、その子は将来、鼻ペチャになるのか、美人になるのか、男の子なら何歳ぐらいから頭髪がうすくなってハゲあがっていくのかなどなど、身体的なことはすべて母のおなかに入った瞬間に決定され、その後は決定された予定表にしたがって、自動調節によって進行していくのです。

〝おなかがすいたのでご飯が食べたい〟と思うのも〝食事の時間だけどあまり食べたくない〟と思うのも、すべてその人の身体の自動調節の結果、そのようになっているのです。したがって、「食べたくない」と言っている子供に無理やり食べさせるなどというのは、とんでもなく悪いことなのです。

皆さんは子供の頃、さんざん遊んで疲れ果てて帰ってきた時の夕食で、食べている最中に居眠りをして箸を落としたことはありませんか。これは子供にはよく起こることですが、この場合、おなかもすいてはいるけれど、自動調節の結果、食欲より睡眠のほうを優先させているのです。もちろんこういう時は食事を中止して寝かせてやらなければなりません。

出産後のプログラムが些細なことで、たとえばご飯を食べてくれないといった程度のことで中止になったり変更になったりするのなら、歯はいつ生えるかわからないし、初潮はいつ頃からかなどが、まったくデタラメになってしまうでしょう。さらに、背丈が伸びるのを止める指令がなければ、その子供の背は五メートルにも一〇メートルにも伸び続けるでしょう。

発育のプログラムは、妊婦や発育期の子供が非常に苛酷な状態、たとえば重病だとか、長期の飢餓などにさらされないかぎり、変更されたり中止されたりすることはないのです。

第三章

育児は胎児のときから始まる

25　子供は必ずおみやげを持ってくる

ある年の一〇月半ば、Tちゃんという満三ヶ月の男の赤ちゃんが母親に抱かれて診察室に入ってきました。吐いて下痢をしているというのです。Tちゃんは吐いて下痢をする、いわゆる急性胃腸炎のほかに肺炎も起こしており、その上いろいろと問題があったので入院して治療することになりました。

Tちゃんのお母さんのF子さんは二二歳、ご主人のGさんも二二歳で、二人はその二年前に結婚し、Gさんの両親と一緒に住んでいました。F子さんは赤ちゃんが生まれたら働くのをやめて育児に専念しようと思っていたし、Gさんの母親も孫の世話をするのが楽しみだと言っていたのですが、そのうちに、いろいろの理由からなんとなく折り合いが悪くなり、Tちゃんが生まれる頃には「お姑さんと朝から晩まで一緒にいたら息がつまりそうだ」というほどになっていました。F子さんは産休が明けるとすぐTちゃんを保育所にあずけて職場に戻りました。

治療をしながら検査をすすめていくうちにTちゃんには、さらに次のような生まれつきの重大な病気があることがわかりました。

（一）小頭症　（二）脳性小児麻痺　（三）右横隔膜弛緩症　（四）大動脈弁狭窄症
（五）低ガンマグロブリン血症

これらの病気について要点をあげると、Tちゃんは（一）と（二）のために知能の発達が著しく遅れる、（三）（四）（五）のために病気に対する抵抗力が弱く、ちょっとしたカゼでも重症になる、その上（四）のために突然死の危険に常にさらされている、という状態でした。

Tちゃんは、体重や身長の発育はそれほど遅れてはいませんでしたが、精神と運動機能の発達はすでに遅れており、あやしても笑わないし、「アー、ウー」という声を出して赤ちゃんがよくやる、「お話」もできず、手足を動かすのもひどくぎこちなく、時々奇声を発し、痙攣《けいれん》発作をくり返すという状態でした。

Tちゃんが健康な子供と同じように発育することは望めませんが、これほど重大な脳の病気を持っていても、ちゃんとしたトレーニングをすれば、あやせば笑うようにもなるし、お話もできるようになるし、少しは自分の意思で手足を動かすこともできるようになるのです。だからTちゃんを産んだ両親とその家族、また縁あってTちゃんと出会った私たちには、Tちゃんに愛を与え、教育をほどこし、Tちゃんなりの能力を開発してあげなければならない義務があります。

小児科医にとって、こうした診断を両親や家族に告げる時ほどつらいことはありません。しかし、避けて通るわけにはいきません。Tちゃんの入院三日目、私はGさん夫婦とその両親の四人にすべてを話しました。Gさん一家は一瞬、不幸のどん底に落ちました。

「Tちゃんは必ず何か一つ、幸せというおみやげを持って来ているはずです。だから、これからTちゃんがどんなおみやげを持って来ているのか、みんなで探さなければなりません」という私の言葉も、何の説得力もない、空しい慰めにしかならないように思えました。

入院の直接の原因となったTちゃんの病気は三週間でなおりました。F子さんはこの間に勤めをやめていました。もちろんこの三週間、F子さんはTちゃんにつきっきりで、お姑さんも必ず毎日来て、TちゃんとF子さんの入院生活の手伝いをしていました。

退院後、ただちにTちゃんはF子さんに連れられて市内の訓練施設に通い、トレーニングを開始しました。季節はもう冬になっていました。吐く息がそのまま霧氷になる極寒の時も、自分の爪先さえ見えなくなる猛吹雪の日も、F子さんは一日もTちゃんのトレーニングを休みませんでした。Tちゃんの知能と運動機能は一日一日と発達していきました。六ヶ月に入ると、あやせば笑うようになりました。硬く突っぱっていた手足も次第にやわらかくなってきました。

時々カゼをひいた時とか、別になんでもない時でも、F子さんはTちゃんを抱いて私のところへ来て、Tちゃんの発育ぶりを見せてくれていました。F子さんはTちゃんの発育していくのがとても嬉しく、心から満足していました。そうして「母がよろしくと申しております」という言葉が必ず聞かれるようになりました。

五月も半ばを過ぎ、日ざしが日増しに強くなり始めたある日の外来診察中、「Tちゃんのお父さんとお母さんがご挨拶にみえています」と看護師が伝えてきました。「今頃ご挨拶だなんて、あらたまって、なんだろう…」、私はその理由にすぐには気がつきませんでした。Gさん夫婦とお母さんの三人が静かに入ってきました。私はその瞬間、すべてを察しました。

Tちゃんはその八日前、誰にも黙って自宅で静かにその一〇ヶ月の生涯を終えたのでした。

ともすればくじけそうになるF子さんを励まし勇気づけてくれたのは、ほかならぬGさんのお母さんでした。そうしてTちゃんに対するF子さんの献身的な養育を通じて、あれほどまでにどうにもならなかった嫁と姑の心も通じ合って、Gさん一家は固く一つに結ばれていったのでした。診療の時間中は感傷になどひたっている暇はないのですが、この日の私はいつまでも人の命と子育てのことを考えていました。先天的に恵まれていなかったあの短い生命が、大人たちの誰もが作れなかった一家の幸せを置いていってくれたのです。

26　わが子の素姓

女性が結婚を考える時に確認しておかなければならない大事なことがあります。それは、目の前にいる男性は今は恋人だけれども、結婚して夫となり、さらに父親となった時に父性を全うできる人間なのかどうかを見極めることです。その人の子を妊娠することについてしっかり納得しなければなりません。

何故それが大切なのかというと、父性と母性とはその発生の仕方がまったく違うからです。まず母性ですが、女性には「母性発生システム」（母性発生装置集合体）が本能として備わっています（41、112項参照）。そのシステムは自分の産んだ子供が発する解発刺激によって起動され、始動して母性が発生するのです。

これに対して男性にはそのようなシステムは備わっていません。生まれてくる子供は自分の子供なのだということを納得することから始まる、すなわち父性は社会的産物なのです。だから世の中には性的同居人はできるけれども、父親はできない男がいるのです。

そして妊娠したら、生まれてくる子供は祖先から授かるのだということを確信し、母となる幸せを感謝して楽しみにしなければなりません。これが胎教から始まるその後の育児の出発点になるのですから、このことが固く心に定まっていなければ、育児もヘチマもありはしないのです。

次は生まれた後のことです。直近の祖先であるおばあちゃん、おじいちゃんは合わせて四人ですが、時には曾祖父母が健在の場合もあるでしょう。その人たちの名前と生年月日、これは必ず覚えておかなければなりません。もしこのうちの誰かがすでに亡くなっている場合でも名前だけは覚えておきましょう。

さらにできれば母親や父親は何処で生まれ、いつからこの土地に住むようになったか、おばあちゃんおじいちゃんもこの土地で生まれたのか、誰の代によその土地から移住して来たのか、などということも知っておくといいでしょう。

これらのことは子供が四歳をすぎると必ず質問するものです。その時母親は本気で聞き、真面目に答えてやらなければなりません。子供はお母さんに話を聞いてもらうのが何より嬉しいからです。さらに子供にとって大事なことは正確な事実を知りたいというより、自分の質問に誠意をもって対応してくれたかどうか、ということなのです。

面倒くさいからと、「知らない」とか「今度ね」などと言うと、母親が自分を真面目に相手にしてくれていないことを、子供はいっぺんに見抜いてしまいます。そんなことが度重なると将来の母子関係に問題を残すことになります。

わが子の素性を知ることは、子供に尋ねられた時のためばかりではなく、それによって母親自身が生命の尊さ、生命の神秘に畏敬の念を持つようになり、生命の繋がりを大切にするようになるのです。

もし、このようなことを知るのを嫌がったり無視したりするようならば、親子、兄弟、いとこ、その他親類、さらに他人との間で、それらの人たちと何を手がかりにして、愛情や信頼の絆を作っていけばいいのか、それがわからなくなってしまうのです。

27　家族の中には順位が必要

生まれてくる子供の祖父母のことをしっかり覚えるのが大事だと申しましたが、このことは実はもう一つの点で大切な意味があるのです。それは家族の中での順位ということです。このことについて考えてみることにしましょう。

子供と祖父母とは、およそ五〇年の年齢の開きがあります。子供とその両親との間には二〇年か三〇年ぐらいの差があり、兄弟の間ならば少なくとも一年の差があります。この年齢の差というものが、実は大変重要な意味を持っています。

年齢の差があることによって家族の中に順位が生じます。順位があるということは、家族の一人一人に経験の差があって、それをお互いに認めていることです。このことによってその家の生活の知恵と文化を伝えることができるのです。

たとえば家族の年中行事、お正月、おせち料理、節分の豆まき、三月三日のひなまつり、五月五日の端午の節句、七月七日の七夕、また先祖を迎える七月一三日の迎え火、送り火、お盆、年越しなどを、年齢の上位の家族が、そうした伝統的な年中行事を生活の中で当然のこととして行えば、「こうするものなんだよ」ということを説明しなくても子供は納得します。だから、誰それさんの家ではおじいちゃんが一番偉《えら》いんだ、とか、お父さんが一番偉いんだとかいうことをよく聞きますが、これはこれで家族が納得しているのなら、とても意味のあることなのです。

すべてこのようにして、遊びでも、勉強でも、礼儀作法でも、料理の仕方でも、すなわちいろいろな風俗、習慣、文化が次の世代へと継承されていくのです。順位が定まっていないと、何を教えるにも説明と納得が必要で、結果、すべてがいちいち滞って余計な時間がかかってしまうか、ときには伝承することができずに終わりになったりするのです。

さらに、順位というものにはもう一つ大切な役割があります。それは順位があることによって家族内の弱い者、年齢の小さい者が保護されるということです。たとえば、お兄ちゃんは次男とよく喧嘩をするが末っ子とはしない。これは、末っ子はまだお兄ちゃんの相手にならないからです。また次男と末っ子が喧嘩をすると、お兄ちゃんは末っ子をかばう。これは順位によって弱い者を保護しているのです。もし順位がまったくない場合、そこには弱い者、年齢の小さい者を助ける人がいなくなって無秩序な家族ができてしまいます。

28　胎児はすでに学んでいる

母親のおなかの中にいる子を胎児と言い、生まれたばかりの子を新生児と言います。胎児は受精と同時に決定された自分の発育のプログラムに忠実に従って、四〇週という時間を母親のおなかの中で過ごします。

一九六〇年代以降、医療技術の飛躍的な進歩によって、胎内を、まるで水槽の中の熱帯魚を見るように観察することができるようになりました。そうして多くの学者によって胎児の発育、行動、心理などが研究され、今ではこの分野の研究が一つの独立した学問として認められています。この学問を「出生前心理学」と言います。妊娠中の母親の心、胎児の心、及びその相互作用を研究する心理学です。

これらの学問の発達によって「子宮内学習」「胎児体験」「出生体験」などの概念が確立し、科学的、計量的にいろいろなことが説明できるようになりました。このことは、「胎教というものは絶対に必要である」ということの学問的基盤ともなったのです。また、「数え歳」の考え方にも根拠を与えました。すなわち胎児は、すでに一人の人間なのです。

以上のことからわかったことを総じて言えば、

・胎児は聞き、理解し、感じ、記憶し、意識を持つ存在。休むことなく学習している。
・胎内では「知的生活」が営まれている。胎児はいろいろと感じながら、少しでも居心地を良くしようと、せっせと働いている。
・母親が考え、感じ、話し、望むことはすべて胎児に影響する。
・不幸な胎児体験をすれば、「不幸な人間」になる確率が高くなる。
・胎児はすでに人格が形成されつつある、感情と知覚を備えた人間存在である。

また、出生時とその後の一時間は胎内からの連続ですが、この一時間は特別に区切って考えなければならない一つの重要な時間であることがわかってきました。この時間帯での新生児の心理を研究する学問を「誕生の心理学」と言います。

また、胎児は臍《へそ》の緒を通じて妊婦に一方的に養ってもらっていると私たちは思っていますが、実際にはそうではありません。

実は、胎児は母親の免疫システムにとっては「異物」なのです。だから母体は常に胎児を外へ出してしまおうとしています。この拒絶反応に対して、胎児はホルモンを出してそれを抑えています。つまり妊娠の維持継続には胎児も協力しており、それによって胎児は自分自身の生命維持に積極的に参加しているのです。

いつまで妊娠を続けるのか、子宮内ではどちら向きになっているのか、お産の時どちら向きで出て行くのか、こういうことはみんな胎児が自分で決めるのです。自然流産さえ自分で決めます。また満四ヶ月以降で意識が芽生えるとも言われています。そのほか、無様式知覚（30項参照）によって、自分の母親も認識できると言われています。

29　胎児の発育の様子

胎児の発育の様子を見ていきましょう（デーヴィッド・チェンバレン『誕生を記憶する子ど

もたち』より)。

三週 胎芽《たいが》(頭としっぽを持つ)。羊膜の中で泳ぐ。

四週 心臓ができ始める。血液の循環が始まる。

五週 心筋の活動開始。

六週 脳の電気的活動が始まる。

七週 顔の輪郭出現、眼、鼻、唇、舌、指、手などがわかる。

八週 触覚発生。母親の動きに合わせて動けるようになる。たとえば母親が逆立ちしたり踊ったりすると、胎児は姿勢やスピードの変化を感知し、それに自分の身体を合わせようとする。

一〇週 身体の基礎的な構造がすべて形成される。性器に触れると反応する。

一一週 手の平に触れる(毛先でなでる)と反応する。

一二週 足の裏に触れる(毛先でなでる)と反応する。親に似た表情の発現《はつげん》。嚥下《えんげ》(食物を飲み下す動作)開始。指しゃぶりが始まることもある(中には親指に小さなタコを作って生まれてくる児もいる)。クルクル転がる。背中や首を伸ばしたり、脚を蹴り上げたり、爪先で子宮の壁をツンツン突つく。これらの運動は自発的なので、脳と身体が協同していることを裏づける。

一四週　味覚発生。ちらっと横目で見たり、あざわらったりするような表情が観察される。両手を前で合わせられる。

一六週　基本的な条件反射を習得する。母親の腹部に当てられた光を感じ、光が強すぎると手で目を覆う。ライトをつけたり消したりすると心拍数が著しく変化する。

一七週　口から羊水を入れたり出したりする呼吸運動開始（液体呼吸）。この液体呼吸のおかげで、呼吸にたずさわる筋肉がよく発達し、出生と同時に空気呼吸を疲労せずに続けられるようになる。

二〇週　聴覚完成、大きな音に対しては耳をふさぐ。キック、ジャンプ、ターン、吃逆《しゃっくり》。

二四週　一歳の子供と変わらないくらい触覚が発達する。冷たい水をひどく嫌がる（母親が冷たい水を飲むと）。

二五週　泣き声を出すことが可能となる。発声練習を始める。唇をすぼめたり、顔をしかめたり、目の周囲の筋肉を引きつらせたり顔の表情が組織的、系統的になる（すでに何か「情報センター」のようなものが存在して、脳と身体を結びつけていることを暗示する）。外部から脳波をとらえることができる。

二六週　自分の爪先で漕ぐようにして方向転換する。

三二週　記憶能力を持つ。

三六週　母体から多量の抗体が送り込まれる。胎盤がガンマグロブリン（免疫物質）製造。
四〇週　ホルモンの信号を出して、母の身体に妊娠を終わりにしようと催促する。

30　胎児の知覚

以下に胎児及び新生児の知覚と、それに伴う活動で主なものをあげてみます（デーヴィッド・チェンバレン『誕生を記憶する子どもたち』より）。

味覚　一二週頃から嚥下《えんげ》が始まり、羊水を飲み込むようになります。一日だいたい三六〇～九六〇ccぐらいを飲みます。羊水の中にはいろいろな栄養分が入っており、これによって一日平均四〇キロカロリーぐらいを摂取しています。羊水の中に苦い味を注入すると、羊水を飲まなくなります。また、サッカリンを入れると飲む量が倍増します（胎児は甘味が大好き）。

聴覚　一六～二〇週で母の声や音楽を意識的に聴くようになります。特に母親の心音、これは胎児に大きな影響を与えています。

ボリス・ブロット（カナダ・ハミルトン交響楽団の指揮者）は胎内で母親のチェロの練習を聴いていて覚えていたので、その音楽を指揮する時、チェロの部分の譜面は見なくても指揮することができました。

アルトゥール・ルービンシュタイン（ピアニスト）、ユーディ・メニューイン（バイオリニスト）も、母親の胎内で覚えた曲目があって、それを演奏する時は譜面は見なくてもいいと言っています。

二〇週以降になると、母の話し方の特徴をしっかり身につけます。胎内で聞いた物語まで覚えてしまうことも実験で確かめられています。それについて次のような報告があります。

出産予定の六週間前から一日二回、母親が大きな声で物語を読んで聞かせ、生後数日後にその録音を聞かせると、一〇人中、九人までが録音を聴こうとしました。一方この物語を母親がさかさまに読むと、まったく聴こうとしませんでした（アンソニー・デキャスパー、メラニー・スペンス）。

嗅覚　胎児ではないのですが、生後二～三日の赤ちゃんの片側に使用済みのブラジャーのパットを置き、反対側に新品を置いたところ、赤ちゃんは使用済みのほうを向くことが多く、このことから匂いを識別できることがわかりました。

視覚　生後三、四分後、女性の顔の大きな写真の何枚かを見せるか、または、のぞき穴から何人かの女性の顔を見せると、新生児はちゃんと自分の母親を見つけ出してながめることがわかっています。どれがお母さんかを知っているのです。これは実験の結果としての事実です。

また三〇～六〇センチの距離にあるものに関心を示します。新生児の目は、焦点がこの距離に固定されているようです。そうしてこの距離は、授乳されている時の母親の顔までの距離でもあります。

無様式知覚（スターン、D・N　乳幼児精神医学者）　見えるもの、聞こえるもの、触れられるものからではなく、形、強さ、声、表情、動きなどの時間的変化などといった生気情動が感覚器を経由することなしに総括的に認知される知覚。胎生二〇週ころから生後二ヶ月ころまでの児の中心的感覚。本質を感知する。胎内にいるのに自分の母親を認識できるのもこれによる。

生気情動（スターン、D・N）　ふだんやっているふつうの動作のちょっとした変化。

31　胎児には意思も感情もある──胎教のポイント

胎児の嗜好についていてあげていきます。

好きなこと

・甘い味（サッカリン、ブドウ糖など）

・交響楽ではモーツァルト、ヴィヴァルディ

・軽音楽では「マイウェイ」「シェルブールの雨傘」「愛情物語」「サウンド・オブ・ミュージック」「イエスタデー」「ある愛の詩」「氷雨」

・母親の心音

・母親が読む、または語る物語→覚えてしまう

嫌いなこと

・冷たい水（母親が飲む）

・苦い味、酸っぱい味

・母親の腹を突かれること

・交響楽ではベートーベン、ブラームス→落ち着かなくなる

・ハードロック、怒鳴り声→嫌がって蹴る

・羊水穿刺《ようすいせんし》（子宮内に針を刺して羊水を採取してしらべる検査法）→茫然自失《ぼうぜんじしつ》となる

通常の反応が停止

・テレビの音→自閉的になる

・夫婦喧嘩→次のような研究があります

「一三〇〇人の子供とその家族を対象に行なった調査によれば、労《いたわ》りに満ちた不安のない関係にある夫婦に比べ、始終いがみ合って喧嘩ばかりしている夫婦からは、精神的ないし肉体的に障害のある子どもが生まれる危険が、約二・五倍になるという」（トマス・バーニー『胎児は見ている』）

一方、胎児が母親の感情を察知する能力は私たちの想像をはるかに超えていて、母親のほんのわずかな感情の動きでも捉《とら》えてしまいます。つまり母親の喜怒哀楽はすべて胎児に投影され、たとえば母親が笑えば胎児も笑うし、母親が泣けば胎児も泣く、という具合です。

このことと最も関係が深いと思われているものに、自然流産があります。自然流産の多くは、何ら医学的理由がないのに発生し、身体が丈夫で普通に子を産むことができるはずの人にも起きます。問題は精神的なものによって惹《ひ》き起されるということで、たいてい母親の持っている何らかの形の恐怖が原因であるとされています。

ある研究者は四〇〇例を超える自然流産について調べたところ、子供を持つという責任への恐怖と、欠陥を持った児が生まれるのではないかという二つの恐怖によって、自然流産が惹き起されるという結論を出しています。

〈この時期のポイント＝胎教〉

・とにかく胎児に話しかける（グチや悪口はダメ）

「大好きだよ」「お母さんは幸せだよ」「お父さんも喜んでいるよ」「みんな待っているよ」

・そのほか、お兄ちゃん、お姉ちゃん、おじいちゃん、おばあちゃんのことを話す

・子守唄

32　母子の絆は胎内で芽生える

胎児と母親、相互の意思や感情の伝達は次の三つの通信回路によって、両方向に等しくメッセージが運ばれていると考えられています。

一、ホルモンによるもの

それぞれが出すホルモンによって伝達が行われていますが、問題になるのは、母親が不安を持っている場合に分泌されるホルモン（たとえばカテコールアミン）の作用です。胎児が母親と絆を持つことを困難にします。

二、動作によるもの

胎児が不快になったり、怯《おび》えたり、不安になったりした時に、母親のおなかを足

で蹴って意思表示します。この「蹴る」という動作は、自分が危険な状態に置かれていることを母親に伝える手段です。このことは重要なので忘れないでください。また母親が逆立ちをすると、それに合わせて胎児も体位を変えます。

三、共感によるもの

要するに「愛情による直感、または波動」です。最近の研究では胎児は母親の見る夢を通じて（母親に夢というかたちで）自分の現状を知らせることがあると言われており、たとえば早産、流産、前置胎盤などが、夢で事前に母親に知らされた実例はたくさんあります（『胎児は見ている』）。

また、通信回路の存在は母親と胎児の間に「絆」が成立していることを示唆しています。スイスの小児科医、シュティルマン博士がこのことを明快に証明しています。博士は妊婦を、朝早く起きるグループと遅く起きるグループに分け、その後に生まれた児の出生後の睡眠パターンを調べました。結果は予想どおり、朝早く起きる母親からは朝早く起きる児が生まれ、遅く起きる母親からは遅く起きる児が生まれました。すなわち新生児の睡眠パターンは、母親によって胎内で数ヶ月前から決められていたのです。

出生後の母子の絆、それが非常に大事であることは誰でも知っています。しかしこの調査でもわかるとおり、実際には、無様式知覚によって、母子の絆とは胎内から始まっていた絆の続きなのです。この長いつき合いがあるから、母親の抱擁、愛撫、表情に反応できるし、さらにその先へと進んでいけるのです。

ここで、「絆《きずな》不成立」について少し述べます。胎児の意識の芽生えは一六週（トマス・バーニー）とも、二八週（ドミニック・パーパラ＝アルバート・アインシュタイン医科大学教授）とも言われていますが、絆の形成に必要なものは、胎児への愛情と理解です。

たとえば母親が統合失調症にかかって自分を閉ざしてしまうと、胎児は途方に暮れてしまいます。結果、絆を持つことが不可能になります。そうすると、胎児は胎児で絆を求めるという感情を持たない人間になる可能性があります。そのほか、胎児がどんなに努力しても、不安、不満の渦巻いている母親とは絆を持つことができません。

第四章

母子は一体

33　母子同床が大原則

現在の日本には、分娩時と新生児に関する重大な迷信があるので、それを正したいと思います。この事実を知っておかないと新生児期の育児を誤らせ、後にいろいろと問題を発生させる原因になるからです。

　これについては、すでにジョン・ボウルビィが著書『乳幼児の精神衛生』（一九五一）の中で「…産婦の病室でみられる驚くべき事実に注目しよう。母と赤ん坊は出産直後に隔離されるが、果してこれは母子の親密な人間関係の向上に役立つであろうか。西欧社会の非常識なこの制度が、いわゆる後進国によって決して模倣されることのないように希望する」（傍点筆者）と警告しているのですが、このことは意図的に隠されていて、今日では誰も知りません。おそらくこの分野の敗戦利得者にとっては都合が悪いからでしょう。

　ここでは以下に、D・チェンバレンの著作『誕生を記憶する子どもたち』から引用します。

新生児は感じないという間違い

「看護婦や医者の中には、いまでも、新生児が本当の感覚や感情をもたないと言っている人がいる。いろんな処置を痛がることもなければ、母親から引き離されても寂しがったりしないというのだ。外科手術の際にも、麻酔しなくてよいとさえ言う。分娩室の設備や産科の器具、処置の手順などは、すべて赤ちゃんに知覚がないと信じられていたころから変わっておらず、赤ちゃんの快、不快にはまったく配慮がない。部屋は寒く、ライトはまぶしく、寝台の表面は硬く冷たく、雰囲気は騒がしく、新生児の扱いは手荒であわただしい。いろいろ痛い目にもあわされる」

新生児の脳は未熟であるという間違い

「大脳皮質は最後に形成され、脳回と呼ばれる特殊なシワをもつようになる。進化的にも最後に獲得された、人間を万物の霊長たらしめるシワである。しかしながら、すべてが完全にできあがるまで大脳皮質は機能せず、また脳の他の部分も複雑な仕事にたずさわれないと言われているが、それは誤りである」

母親を必要としないという間違い

「新生児の健康管理を確実に行なうためとして、病院では赤ちゃんを母親から離して新生児室に入れているが、その習慣を正当化しているのがこの神話である。しかし事実は正反対、新生児に母親は絶対必要だ。赤ちゃんは母親から病気を追い払う抗体を受け取らねばならない（筆者注　初乳を飲むこと）。それにわが子としてじゅうぶん目を注いでもらい、世話をしてもらう必要がある。新生児室では望むべくもないことだ。体温や代謝率、ホルモンや酵素のレベル、心拍、呼吸等の調整機能は、母親のかたわらに寝ているときがもっともうまく働く。母親から引き離されれば、こうした肉体的損失と同時に精神的苦痛もこうむることになる。（中略）出産直後の授乳は胎盤の排出を早め、母体からの大量出血を防ぐ。そしてなによりも、赤ちゃんの眼差しとその柔らかな感触があってこそ、母親は親としての気持ちに目覚め、必要な技能を身につけた一人前の母親になっていく」

34　理想的な出産

ここで、本来の出産のあり方について『暴力なき出産』（アニマ二〇〇一）という本を著《あらわ》わして「誕生の心理学」の視点から、現代の出産のやり方は生まれてくる赤ちゃんにとって極めて暴力的だと訴えたフランスの医師フレデリック・ルボワイエが、赤ちゃんの悲痛な叫びとして表現した問題点を紹介いたします。

・目が焼き切られる…分娩室の手術用の照明

・耳をつんざく轟音…大声でしゃべる大人たち
・いばらに包まれて…タオル、荒い布、ときにはブラシ（これまで子宮の粘膜にしか触れられたことがない）
・逆さ吊りの刑…泣かせて、生きていることの勝手な確認
・氷のような体重計…金属の体重計（これまで胎児は冷たいということを知らない）
・目薬の攻撃…薬液の点眼

そしてルボワイエは、本来の出産のあり方を、あらまし次のように言っています。

明かりをおとす

うす暗いと、どれほど、やすらぐことでしょう。母親も、うす明りのほうがリラックスできます。

沈黙を守る

赤ちゃんの最初の瞬間を台無しにしないように、沈黙を守りましょう。何か話す必要、たとえば指示や説明の必要が生じたら小さな声で、ささやくように。赤ちゃんはふつう二、三回元気な叫び声を上げると、後は深い規則的な呼吸に入ります。しかしこの時、赤ちゃんが泣かないことにびっくりしないように。

お母さんのおなかに

生まれたらすぐに赤ちゃんをうつぶせで母親のおなかの上に乗せます。母親の肌には自然なぬくもりがあり、やわらかく、しなやかです。この場所こそ赤ちゃんが休息できる最高の場所。その上、おなかまでの距離だと、臍《へそ》の緒は無傷のまま残せるのです（臍の緒の長さは約六六センチ）。

臍の緒を切らないで

分娩直後に臍の緒を切るのは、ひどく残酷な行為です。それが赤ちゃんにどれほど破壊的な影響を及ぼすか、想像もつかないほどです。臍の緒は、その脈動の終るまでは無傷に保たれなければなりません。誕生の際に赤ちゃんが直面する危険は、主に無酸素状態だといわれています。もし赤ちゃんが一時的であれ酸素を取り入れることができなければ、脳に修復不可能な傷を残すことになります。したがって赤ちゃんは誕生の時、一瞬たりとも酸欠状態に陥ってはなりません。

だから赤ちゃんは誕生直後の危険な時期に、二つの供給源から酸素を得られるようになっているのです。それは臍の緒と肺。出生直後赤ちゃんは、まだ数分の間、力強く脈打つ臍の緒によって母親と結ばれています。四分か五分、ときにはそれ以上になることもあります。赤ちゃんが臍の緒を通じて受け取る酸素は、赤ちゃんを酸欠から守ります。

35　人生で一番大事な最初の一時間―生後一時間のポイント

初回授乳（もちろん母乳）は何よりも大事なのですが、それは生後三〇分以内にしなければなりません。

赤ちゃんは母親のおなかの上に乗せてもらうと、すぐに自分で母の乳首を探し始め、近づいて行こうとします。その動作が見えたら、赤ちゃんを乳首まで誘導しましょう。この時、赤ちゃんは勢いよくお乳を飲むと同時に、時々飲むのをやめて母親の顔を注視します。新生児の視力は三〇～六〇センチの距離ならば問題なく見えると言われており、これは乳首を口に含んだ時の母親の顔までの距離に合うようになっているのです。初回授乳の時にしっかり見つめ合うと、赤ちゃんにとってはおなかの中にいた時からよく知っていたお母さんとようやく出会った、つまり初対面ではなく再会したという感じになるのです。

赤ちゃんは出生直後、特に一時間は完全に覚醒した状態でいます。子宮の中で長い間、皮膚感覚と味覚と聴覚だけで暮らしてきた赤ちゃんは、一刻も早くお母さん、お父さんの顔を見たがっているように見えます。この一時間は、精神が機敏に働く極めて敏感な状態にあり、この時の赤ちゃんは記憶と学習能力が高まっています。この時間帯での新生児の心理を研究する学問を「誕生の心理学」と言います。

そして、この一時間が出発点となって「基本的信頼」すなわち赤ちゃんの母親に対する絶対的な信頼感と、母親がそれを限りなく受けとめる状態が芽生えていくのです。基本的信頼は、インプリンティング（39項参照）によって母子の一体感となり、その一体感がアタッチメント（愛着行動）のシステム（これは本能として赤ちゃんの中にすでに用意されている）を解発《かいはつ》（起動、またはスイッチ・オン）し（42項参照）、さらに後に躾をする時の大切な力、「愛の強制力」へとつながっていきます（基本的信頼とはE・H・エリクソンによって提唱された理論で「自己、他者、世界を信頼することができるという感覚の核となるものであり、この感覚なしには健康に生き続けることは困難である」というもの）。

私はルボワイエの言う「出産法」が最もよい、正しい方法だと思います。それを裏づけるように、知人の女性が二〇年前の体験を寄せてくれました。

「次女の妊娠は海外在住（カナダ）の時でした。不慣れな土地であることや、病院のスタッフとの言葉の問題など不安はたくさんありましたが、何よりも日本にいた時と比べて、夫がいつもそばにいてくれるという安心感が、妊娠中の生活をどれほど幸福なものにしてくれたか、言葉にできないほどです。ごく当り前のように出産に立ち会ってくれましたし、立ち会うというより一緒に出産したという感じでした。主治医と夫の適切な声かけと、やはり第二子ということもあり、とても安産でした。先生は、次女を臍の緒がついたまま胸元へ乗せてくれました。すると唇をプルプルと震わせ、まるでミミズのようにうねうねと動きながら乳首を探し当て、おっぱいを吸い始めました。親子の絆の実感は、母乳を飲んでくれたその瞬間からでした」

〈生後一時間のポイント〉

・赤ちゃんが母親の顔を注視したら、しっかり見つめてやる
・話しかける「お母さんだよ」「いい子だね」「かわいいね」「待っていたよ」
・母子同床（必須）

36 新生児室に母の顔はない

基本的信頼は出生直後から芽生え、六週目ぐらいまでに強固なものになっていくのですが、この信頼を裏切る行為をするとどんな結果を招くか、次の実験報告が明らかにしています（『誕生を記憶する子どもたち』より）。

「出産から七日目の母親数人が、マスクをつけ、黙って授乳することになった。一つのマスクは肌色で目の穴だけが開いていて、髪の生え際まで覆うもの。もうひとつは緑の手術帽の下に白いガーゼが垂れていた。赤ちゃんたちはどちらのマスクをつけた母親とも対面することになった。

彼らが見たものを嫌ったのは明らかだった。落ち着きを失って姿勢を変えたり母親から目をそらそうとしたりした。肌色のマスクを見た後では、ベビーベッドの中であたりを不安げに眺めまわし、まるで他にも変になったところがないかチェックしているようにみえた。そしてもっと心地よい世界へ逃れようとでもいうように、いつもより早く眠りこんでしまった。どちらのマスクを見たときも、お乳を飲む量が減り、機嫌が悪くなり、よく泣いた。

ある母親が、肌色のマスクを見たときの赤ちゃんの反応をこう語っている。『あの子はわたしをじいっと見てました、とても信じられないというように…とても不安そうで…初めてお乳をもどしました』ガーゼのマスクを見た後では、この赤ちゃんは母親と一切かかわりをもとうとしなくなった。『わたしのほうをちらっと見て、それっきり見向きもしませんでした』

この実験の赤ちゃんたちはすべて母親と同室で、マスクが出現する前の六日間はふつうに母乳を飲んでいた。同じ実験を新生児室の赤ちゃんに行なったところ、反応はずっと弱く、睡眠には変化が見られなかった。どうやら新生児室の赤ちゃんたちはそれほど母親を覚えていなかったらしく、関心も少なかったらしい。

このことから、母親と赤ちゃんがいっしょにいると、どれほど早く二人の関係ができあがるかがわかる。赤ちゃんは母親の表情を読みとり、すばやく印象をまとめあげ、母親に期待したり、関心をもったりしはじめる。そうやって母親も赤ちゃんも、たがいの人間像を発展させていくのである」

「少し大きい赤ちゃんの実験では、母親は三分間黙って表情を変えないようにと指示された。赤ちゃんは一五秒もすると何かがおかしいと思いだし、物問いたげな目を向け、声を出したり手を伸ばしたりした。月数相応のテクニックを用いて母親の注意を引こうとしたのだが、それが不成功に終わると、すっかり内に引きこもってしまった。

最悪の結果が観察されたのは、母親が憂鬱な表情をしてみせた実験である。赤ちゃんはいやがって泣き、そっぽを向き、数日後になってもまだ母親を警戒していた。実験を指示した心理学者はあまりの効果に恐れをなして中止してしまった」

37　感性豊かな母親になろう

母子の絆の発生・強化には、出生直後の身体の接触による愛情交換が母と子両方に対して非常に重要な役割を果します。ここで要点をまとめておきます。

・出生直後臍帯を切らないまま、母親の腹の上で乳首を吸わせることが重要。

・赤ちゃんの泣き声によってプロラクチン（乳腺刺激ホルモン）の分泌が増え、母親の乳汁分泌が促進される。

・赤ちゃんの肌が母親の胸に触れると、産後の出血を止めるホルモン「オキシトシン」が分泌される。また、赤ちゃんの肌が母親の胸に触れたことによって、赤ちゃんの体温調節が自動的に働き始める。

・出生後の絆が形成されるには特定の時期（臨界期）があって、その時期が過ぎると母子の絆の発生に大きな影響が及ぶ。いろいろ説があるが、いずれも一二時間以内。

いずれにしても三〇分以内の初回授乳と、その後引き続いて母子同床にすることで、すべては解決するのです。

今、あなたは分娩が済んで、母親になったと想像してください。目の前にいる赤ちゃんは、二八〇日の間あなたとコミュニケーションをはかり、しっかりとした絆ができています。今日が、二人の新しい人生の始まりです。

ところで、「感性豊かな母親」という言葉をよく聞きますが、読者の皆さんもそういう母親になってください。そうなるためには、まず「子育てをエンジョイしなさい」と精神科医のトマス・バーニーは言っています。

ここでセンシティブな（感性豊かな）母親について、精神科医のバートン・ホワイト（ハーバード大学教授）と、児童心理学者のメアリー・エインズワース（バージニア大学教授）の言葉を紹介しましょう。

「利発であって、その上社会的に魅力があると見なされる子どもには、種々の背景があったが、すべてに共通していたのは、母親がいずれも反応が豊かで熱意があり、よく話しかけ、さらに子どものために時間と配慮を惜しんでいなかったことである。

親の収入、教育程度、社会的地位など、通常子どもの力を測る上での物差しとされているものは、マザーリングの質の良し悪しにくらべるとあまり役に立っていない」、「子どもと一緒に過ごす時間が長ければ、知的・精神的発達は、幾何級数的に高まっていく」（B・ホワイト）

「センシティブな母親とそうでない母親との大きな違いはどこにあるかというと、…

自分の子どもを重視し、子どもの立場から世界を見つめる能力の有無にあるということになる。つまり、センシティブでない母親は、要するに自分の都合しか考えない我儘《わがまま》な存在であり、もっぱら自分の要求、気分、行動に合わせて子どもの相手をする」（M・エインズワース）

38 何よりも大切な「母子一体感」—母子一体感のポイント

始めに母乳について簡単に述べます。赤ちゃんが生まれた後、二～三日の間に出る乳を初乳といいます。その後数日の間、移行乳といわれる乳が出て、そのあと成熟乳（永久乳）という乳が出るようになり、成熟乳は赤ちゃんが離乳するまで続きます。

初乳の成分は、成熟乳の成分とは大きく異なっています。まず第一に、タンパク質が成熟乳に比べて二倍も多く含まれています。このタンパク質が、新生児がこれから身体を成長させていく、その出発点に大きく役立っています。第二には、初乳にはいろいろな病気に対する免疫物質（病気に対する抵抗力を持った物質）が多量に含まれています。これによって新生児をウイルスや細菌から守り、またアレルギーの原因となるタンパク質が、胃や腸の粘膜から侵入するのを防ぐようになっているのです。なんと素晴らしい自然の仕組ではありませんか。

母親の乳を飲むことのもう一つの極めて重要な意味は、母親の乳首に吸いつくという、その動作そのものです。この動作こそが、胎内から続いている母と子の愛の絆を強固なものにし、それを完成に導く発端となるのです。母と子の愛の絆がしっかりとでき上がらないままに育った子は、大きくなってから他人を愛することができません。そればかりか、将来、神経症の原因にもなると言われています。ビタミンDが不足すれば赤ちゃんはクル病になるということを、私たちは知っています。それと同じように、心の栄養が不足すれば、赤ちゃんは心の栄養不良を起こし、心のどこか一部分が発育しないまま大人になってしまうのです。

母親の乳首を含むことによって、赤ちゃんは精神的栄養を与えられ、次第に〝自分はこの人の子なのだ〟と思い込んでいきます。

最初の二ヶ月ぐらいの間は、実に三時間ごとに、いや、それよりも短い間隔で泣かれることもあるので、母親には寝ているヒマなどありません。しかしこのような献身的な哺乳を続けることによって、母親の心の中にわが子に対する深い愛情が培われていきます。そしていつしか、「この子は私のもの、私はこの子のもの」という、母と子の一体感ができ上がっていくのです。母と子の一体感というものは、何も母親のほうだけが感ずるのではなく、赤ちゃんのほうも、ちゃんと感じているのです。それが赤ちゃんにわかるからこそ、赤ちゃんは母と子の一体感が破られた時、たとえば母親が外出したりすると、母を追って泣き叫ぶのです。

一方、母親にとって母と子の一体感とは満足感でもあります。〝ほかの人ではとうてい与えることのできないだけの愛を、私はこの子に与えている〟という満足感は、さらにその子供の行く末に対する母親のゆるぎない自信へとつながっていきます。この「愛の確信」こそが将来その子供を躾け、教育していく時の母親の自信であり、それが「愛の強制力」となるのです（15項参照）。

〈この時期のポイント〉

・とにかく抱っこ

・子守唄（胎児のときに聞かせていた歌）

・話しかける「いい子だね」「かわいいね」「よしよし」

＊してはいけないこと（赤ちゃんと一緒にいるとき）

・ケータイ、スマホ、タブレット　――通話、メール、ゲーム、インターネット

・テレビ視聴（ＤＶＤも）

39　「刷り込み」理論を理解しましょう

赤ちゃんが発育していく途中には、抜けてはいけない大事な要点や段階があります。インプリンティングはその中の一つです。

Imprinting（英）、Einprägung（独）は、日本語では「刷り込み」または「刻印づけ」と訳されます。これは「比較行動学の父」と呼ばれるコンラート・ローレンツが、動物の持つ遺伝的な行動の研究を通して確立した理論（一九三五）ですが、この理論に合致する事実が、人間の場合にも極めて多く存在することがわかっており、ジョン・ボウルビィによって母子関係の真理に到達した「愛着理論」の基礎となっています。

インプリンティングとは動物一般に広くみられる現象で、生まれてから一定の期間に、成長してからの行動の基礎が刷り込まれるというものです。そのメカニズム（機序）は、種に特有な一定の刺激があると、それに特異的に反応する、すなわち、あらかじめ人間には人間の、サルにはサルの行動を生起する反応様式が本能として子に内在しており、生後それを解発する刺激に遭遇すると、そこで解発決定され、サルはサルへの道を、人間は人間への道を歩み始めるというものです。このような「鍵と鍵穴の関係」の本能を

「生得的解発機構」と言います。

そしてインプリンティングが生起される期間を増感期、もはやインプリンティングの起きない時期を臨界期と言い、ヒト乳児では生後六週目あたりが増感期、六ヶ月あたりが臨界期で、人見知りは完了の証です。もしその期間中に刷り込まれるべきものが刷り込まれなかったり、または他の動物の行動様式が刷り込まれた場合、臨界期を過ぎてからでは、やり直しをすることができません（6項参照）。

たとえばニワトリのヒナは、孵化した直後に自分のそばにある音のするものを親だと決めます。人工孵化でかえったヒナは、その飼育者を親と決めてしまいます。ローレンツはハイイロガンのヒナが自分の目の前でかえった時、うっかり声をかけたばっかりにそのヒナから親と決められてしまい、親鳥のやり方でヒナを育てなければならないという大変な目にあいました。また白鳥のヒナがアヒルに育てられて、自分はアヒルなのだと刷り込まれてしまったら、後になってから「お前はアヒルではなくて、実は白鳥なのだ」ということをどうやっても知らせることができません（6項参照）。

このようにインプリンティングは教えることでもなければ習うことでもない、すなわち「学習」とか「記憶」などとは、まったく異質のものなのです。したがって動物であれ人間であれ、母子が一緒にいることでしかインプリンティングは生起成立しないのです。

余談ですが、アンデルセンの『みにくいアヒルの子』やラーゲルレーフの『ニルスのふしぎな旅』は、この理論とは合いません。しかしこの二つの童話は、傑作中の傑作です。子供には、必ず読んでやりましょう。

40 人間への出発

先に述べたインドの狼っ子カマラ（6項参照）の場合とはまったく違った状況なのですが、何とも残酷な例があります。

カスパー・ハウザー。彼は、一八一二年九月二九日にバーデン大公の第一王子として生まれたとする説もある人物です。王位継承の争いと陰謀が渦巻き、生まれてすぐ死亡したことにされ、どこかで育てられていたらしいのですが、三歳ぐらいのある時、突然、地下牢に閉じ込められてしまいました。明りもなく、しかも座るのが精いっぱいという、ひどい所でした。番人の顔さえも見ることができないという状態で、牢の中に一〇数年間、押し込められていたのです。食物はパンと水だけでした。

ところが何者かに助け出され再び突然に人間の社会へ放り出されたのです。一八二八年五月二六日、ニュールンベルク市の片隅で発見された時には、カスパーはきちんと立つこともできず、言葉も、意味のわからない決まりきったことしか話せませんでした。しかし個人教授がついて教育を受けるようになると、その後の一年間で会話の力はぐんぐん発達して、翌年には回顧録を書くまでになりました。

二〇歳の頃には、カスパーの知能は、もう普通、いやそれ以上にまで高くなっていたのです。しかし回顧録を書いたことが原因となって、一八三三年一二月一四日、二一歳の時、何者かによって暗殺され、その短いがしかし数奇な生涯を閉じたのです。

救出後九年間も手厚く養育されたにもかかわらず、三〜四歳程度までしか知能が発達しなかったカマラとは、大変な違いです。

一〇数年もの間、人間の姿すら見ることができないという地下牢での悲惨な生活を強制されても、カスパーは「自分が人間である」ということだけは忘れませんでした。カマラが狼の刷り込みにやり直しができなかったのと同じように、カスパーもまた、それまで持っていたすべてのものを奪われても、最後の、人間としての刷り込みまで剥ぎ取られることはなかったのです。

比較行動学者のK・ローレンツは、生まれたばかりの動物を親やその属する種から孤立させる実験で多くの貴重な研究成果をあげているのですが、いくつかあるそういった実験の方法の一つに「カスパー・ハウザー実験」という名称をつけているものがあります。カスパー・ハウザーは、まさに「人間での実験例」だったのです。

41　何より抱っこ　とにかく抱っこ——この時期のポイント

赤ちゃんが人間として成長していくための第一段階がインプリンティング（39項参照）ですが、そのための生後六週から六ヶ月という期間中、母親はどのようにしていればいいのでしょう。

それは、母親が赤ちゃんに何かをしてやるという、母親から子への一方通行ではありません。たとえば母親の唄う子守唄を赤ちゃんが喜んで聴き、その表情に母親がうっとりとして満足しているという「二人の世界」でのやり取りの中でインプリンティングは進行していくものなのです。この態様を情動調律（スターン・D・N　一九八五）と言います。これによって母性の発達と、子の知的情緒的発達とが同時並行で進むのです。

したがって母親の母性の切れ目のない発達のためにも一日二四時間、母親は子と一緒にいなくてはならないのです。一方、二四時間ぴったりと一緒にいて生涯母親の役割を果すー人の女性ならば、生みの親でなくても十分な養育が可能だし、本人の母性も発生発達していくのです。このことについてＪ・ボウルビィは「一人の女性による継続的な養育であることが重要なのである」と言っています。

インプリンティングが、正常に成立するための行動の形態は次の七項目です。

一、子が母親の乳首に吸いつき、その乳を飲むこと　sucking

二、子が母親の顔をみつめること　visual attention

――生後三週間半ばぐらいから始まり、対眼接触という。母親はしっかり見つめ返してやらなければならない。

三、母親が子に話しかけること　vocalization

――「アー」「ウー」などの喃語《なんご》に応答すること。

四、母親が子の微笑みに応答すること　smiling

――子の微笑みに対して、微笑みで応答すること。生後五週目で乳児は自分の視覚と意思に基づいた微笑みを始める。

五、子が母親にしがみつくこと　clinging

――子が特に安らぎを求めているときに強く発生する。もちろんしっかり抱擁してやらなければならない。

六、母親の動きに子が自分もついて行きたいと思うこと　following
七、子が泣き叫ぶこと　crying
——母親の姿が見えなくなったときに起きる（子から母親への刷り込みの典型。できるだけ早く戻ること）。

以上七項目を全うするにはどうしたらいいか——しっかり抱き癖をつけること。それ以外の方法はありません。

言葉と時間

乳児はこの七項目のうちの二、三、四によって、母親の表情と言葉をセットにして「言葉」の原初的なものを覚えます。
また、母親が隣の部屋へ行ったり、あるいは玄関から外へ出るなどして母親の姿が見えなくなった時、赤ちゃんは「自分もついて行きたい」と思うので、〝どのくらいたったら帰って来るのだろう〟ということを想像します。これによって「時間」の原初的なものを覚えるのです。このことが項目六、七です。
言葉を使い、時間の概念を持っていることが人間の他の動物と違うところであり、しかも「言葉と時間」は子供の将来の知能の発達、特に抽象化、概念化する能力つまり国語と算数の基礎となるものですから、「一人の女性による継続的養育」が、いかに重要であるかがおわかりでしょう。

子が母親を母にする

以上の七項目の動作が、母子それぞれの遺伝子に組み込まれている「お互いを鍵と鍵穴の関係にするためのシステム」の解発刺激群になっています。すなわち、子は抱っこされた感触、母親の言葉、声、表情、動作などが解発刺激となって発育システムが始動し、知的、情緒的に発育発達していきます。それと同時進行で、その経過中に起こる子の動作のすべてが母親の「母性発生システム（母性発生装置集合体）」をそのつど起動し、母性が発達していくのです。要するに子が自分を産んでくれた女性を母にするのです。だから当然、子が発する解発刺激（声、表情、動作など）のどれかを母親が受けとれなければ、それに対応している母性発生装置は始動せず、その部分の母性は発生しません。

このように人間の母性発生システムの解発刺激は数多くあり、かつ長期にわたるため、そのうちのいくつかを受け取り損なって母性に一部欠落があっても、それなりの養育行動はできるので、欠落があるかどうかは簡単に見分けることはできません。しかし動物、特に鳥類では単純かつ厳格、つまり原型そのものなので、養育行動ができるかできないかの二つに一つなのです。

卵を抱いて温めている雌の七面鳥の内耳を破壊して音が聞こえないようにすると、それでもその七面鳥はそれまでと変わらず抱卵をつづけるのですが、ヒナがかえって殻から出てくるやいなやことごとく突き殺してしまいます。もちろんヒナの声が聞こえないからです。また、孵卵器で人工的にかえったヒナが母鳥になって抱卵した場合も、まったく同じことがおきます。この場合は自分が殻の中にいた時の母鳥との交信による刷り込みがないので、ヒナのピイピイいう声を受容できないのです。

聴力の正常な母鳥を用いて行った以下の実験がそれを証明しています。抱卵中の七面鳥にとって、ネズミ、イタチ、カラスなどは危険な敵なのですが、イタチのぬいぐるみの中にヒナのピイピイいう声を録音したテープレコーダーを入れて近づけてやると、母鳥は自分のヒナにするように優しくこの天敵を翼の中へ抱き入れるのです。

一般にヒナは卵の殻を割って出てくる一〇~二〇時間も前から中でピイピイ鳴いているのですが、これが母鳥の「養育行動発生システム」の解発刺激になっている、つまりヒナの声によって親鳥が母鳥になり、母鳥がヒナの声に応答すると、中にいるヒナに母鳥の声が刷り込まれるのです。

インプリンティング完了

生後六ヶ月の間、母子が常に一緒にいることによってインプリンティングが正常に完了すると、子は母親と母親でない人の区別ができるようになります（自他の区別）。それまで「目の前の顔はボクの顔」だったのが、「目の前の顔はお母さんの顔」という認識になるのです。そこへ知らない顔が現れると、それは怖いことであり、母親に助けてほしい気持になります。これが人見知りです。

ここまで、難しいことをくどくどと述べてきましたが結論はいとも簡単です。何のことはない、「かわいい、かわいい、いい子だ、いい子だ」と言って、抱っこしていればいいのです。

それでは確認しましょう。赤ちゃんが生まれたら、

一、母乳で育てること（特に生後三〇分以内の初回授乳と、初乳を確実に全部飲ませることを忘れてはいけません）

二、せっせと抱っこをすること（赤ちゃんは本質的には一日二四時間、抱っこしていて欲し

いのです）

赤ちゃんの人間への出発の第一歩は、「抱き癖」をしっかりつけることから始まるのです。

〈この時期のポイント〉

・とにかく抱っこ
・赤ちゃんの呼びかけに本気で反応する
・話しかける「かわいい、かわいい」「いい子だ、いい子だ」「いない、いない、ばぁ」
・子守唄（胎児の時に唄っていたのと同じ唄）
・母親のあと追いをするのは理想的
・情動調律が発生している時の母親の気分は、母子一体となって夢の世界にいるような幸福感

＊してはいけないこと（赤ちゃんと一緒にいる時）

・ケータイ、スマホ、タブレット　――通話、メール、ゲーム、インターネット
・テレビ視聴（ＤＶＤも）

スマホ、ケータイ、タブレット、などの電子メディアが、乳幼児から学童、さらに中学生、高校生にまで与える害悪については、『一に抱っこ　二に抱っこ　三、四がなくて五に笑顔』（田下昌明著、高木書房）を参照してください。また、これについては日本小児科医会のホームページに詳しく掲載されています。

42　愛着行動（アタッチメント）とは

赤ちゃんにとって母と子の一体感がなければ、言葉を覚えるのが遅れ、愛に触れる機会を失い、時間を覚える手がかりがありません。たとえば赤ちゃんが笑うようになったり、「アー、ウー」という声を出してお母さんにお話を始めるようになったりする時期は、よく抱っこされている赤ちゃんのほうがそうでない赤ちゃんに比べて、はるかに早いのです。すなわち赤ちゃんの知的、情緒的発育は抱き癖のついている子ほど早いのです。

インプリンティングが不足なく終了することによって、そこに「この子は私の子」「この人はボクのお母さん」という親子のお互いの確認、すなわち母子の一体感が確立します。このことがあたかもドミノ倒しのように、今度は次の段階であるアタッチメント（愛着行動）を解発《かいはつ》（起動、またはスイッチ・オン）します。

多くの赤ちゃんは生後六、七ヶ月になると、何人かの母子がひと部屋にいるとき、ほかの人が部屋から出て行っても平気なのに、自分の母親が部屋を出て行くとその赤ちゃんは泣き叫び、ほかの人がいくらあやしても泣きやみません。このとき母親が戻ってきて赤ちゃんを受け取るとぴたりと泣きやむ、といった行動を示すようになります。これは赤ちゃんが母親という特定の対象に対して特別の感情を抱くようになったからであり、このような特定の対象に対する特別の情緒的結びつきをボウルビィはアタッチメント（attachment）と名づけました。

アタッチメントのシステムは、本能として赤ちゃんに内在しているのですが、ほとんどすべての動物に共通しているものです。たとえば、カモやガチョウのヒナが母鳥の後を追う行動がよく知られていますが、これは自分の決めた愛着対象に接近しようとする行動で、幼弱な個体である自分を捕食獣から守ってもらおうという動物としての基本行動です。これが愛着行動の最も重要な目的です。

赤ちゃんの愛着行動の意味も、本質的に動物と同じです。自分を養育してくれる人にくっついた状態を維持しようとする行動で、さまざまな危険、特に略奪者（例えば狂犬、誘拐犯、変質者など）に襲われることから幼児や子供を保護しているわけです。

だから子育ては子供をあらゆる危険・災難から守ることから始まるのです。言い換えると、これができないようでは親とはいえません。

要するにアタッチメントとは、子にとっては誰にくっついていれば安全なのか、母親は誰を守らなければならないのかということが確定、「守り守られる関係」が成立することを言います。

これは何か起こった時に「考えてからそうする」のではなく「とっさにそうなる」関係です。アタッチメント形成も母子双方に内在しているシステムであり、人間の場合、アタッチメントは「人を信頼する」という人間性の基本となり、一生つづきます。

インプリンティングからアタッチメントへという母子関係形成の順序は、鳥類から哺乳類まで共通のものです。人間では成立まで三年を要するのですが、この期間を短縮する方法もなければ、代りの方法もありません。人間だけ短期間に母子関係を完成させてしまおうなどと思っても、そんな都合のいい手はないのです。

故に生後三年間、母子は一日二十四時間一緒にいるのが最も望ましいのです。

発達段階の途中を抜くことはできない

これまで述べてきた「出生直後」、「生後一週間」、「六週まで」、「インプリンティング」、「アタッチメント」の発達段階は、すべてがそれぞれの次の段階の解発刺激群となっています。したがって、どれかが欠落すると、それによって解発される次のシステムの一部または全部が始動せず、母子それぞれにおいて欠損部分となり、修復は困難です。

すなわち育児の経過中、母親と子供が離れればなれになって母子間に空白が生ずると、母子ともに発達が阻害されます。特に母親はその空白の間に子供から発せられていたいくつもの「母性発生装置解発刺激」を受け取れずに経過するので、結果、「発達障害母」になり、母になりきらないまま母をやることになります。これは「異常なアタッチメント形成」（66項）の原因にもなるのです。

43 子供の心の安全基地

温かい家庭に育った子供は、一歳になる数ヶ月前には、誰に世話してもらいたいかをはっきり表わすようになります（インプリンティング終了、愛着対象の決定）。このことについてメアリー・エインズワース（37項参照）は、母親は子供に「安全の基地」を提供する、という概念を確立しました（一九六七）。

たとえば今、つかまり立ちをしようとしている赤ちゃんのいる家庭の茶の間を想像しましょう。この赤ちゃんは茶箪笥の引き出しの取っ手につかまって立とうとしたり、テーブルの下へ入ったり、開いている襖《ふすま》の向う側へ行ったりして遊んでいます。

この時赤ちゃんは時々お母さんのところへ戻ってきて膝にさわったり、まとわりついて立ってみたりして、それからまた同じことをしに出かけていきます。時にはお母さんと目が合って単に微笑むだけのこともあります。このような時、母親は子供にとって「安全の基地」となっているのです。また、子供のしているこの行動は「探索行動」（その子なりにいろいろと調べる）と表現されていますが、いわば冒険と挑戦なのです。だから失敗したり困ったりした時に泣いて帰る所、すなわち「安全の基地」を持っていない子供にとっては、冒険も挑戦もやりたくてもできません。


愛着理論（愛着行動制御説 control theory of attachment behavior）の説明の中で、ジョン・ボウルビィは以下のように述べています。

「そばに親がいて、呼べばすぐ応答してくれることがわかっている場合には子供は何の不安もなく探索を行う。小さいうちはこれらの探索行動に要する時間は短いし、場所も限定されている。しかし二歳半ぐらいになると半日、一日というように、時間や離れる距離を増やしても平気になる。愛着行動が発達していくということは、母親が不在の時に心の中に母親像を保持する認知能力を発達させるということであり、この能力の発達していく期間は生後六ヶ月から一年間である。

青年期になると探索行動（小旅行）は数週間から数ヶ月へと長くなっていくが、精神的健康を保つためには、安全の基地は欠くことのできないものとしてあり続ける。愛着理論の中心となっているものは、特定の人に対して親密な情緒的絆を結びたいという人間として誰もが持っている性質を、人間性の基本的な構成要素である、とする理論である。それはすでに新生児期に原初的な形で存在し、成人から老年に至るまで存在し続ける。このシステムによって子供時代に形成された自己、及び愛着対象との連関は、生涯にわたって人格の中心となる。

アタッチメントは、乳児期や児童期では、自分を保護し、安心させ、そして支持してくれる親との間に結ばれる。青年期や成人期においてもこの絆は存続し、加えてまた新しい絆で補完していく。その新しい絆とは、ふつう異性との間で結ばれるものである」

44 「母と子の世界」の始まり

赤ちゃんは身体の発育、運動機能の発達と並行して知的、情緒的にも発育していきますが、その過程には三つの重要な段階があります（『乳幼児の精神衛生』J・ボウルビィ／〈

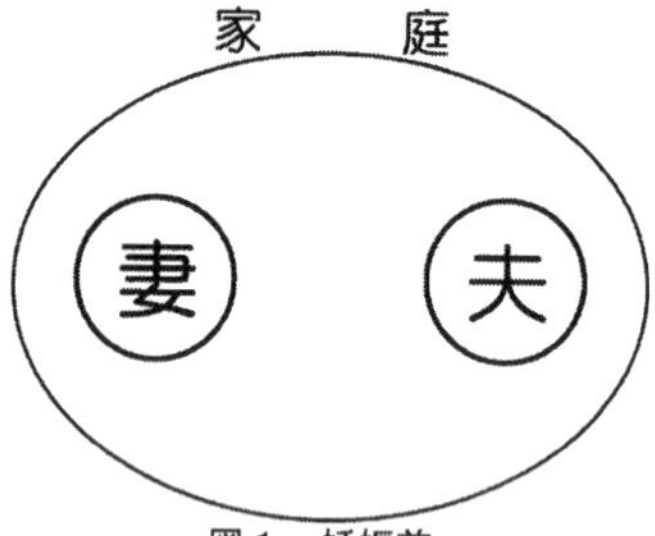

図１　妊娠前

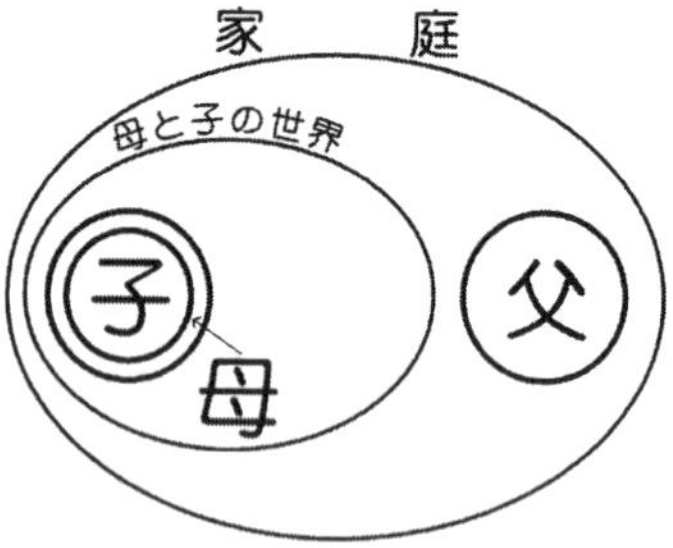

図２　妊娠中

内は筆者注）。

第一段階　六ヶ月まで　幼児が、ある特定の人物（母親）をはっきりと認識して対人関係を確立する時期〈愛着対象決定〉

第二段階　三歳まで　たえず身近にいる相手として母親を必要とする時期〈愛着行動の発達と、心の安全基地形成〉

第三段階　三歳以降　母親がそばにいなくても精神的関係が維持できる時期〈心の安全基地完成〉

　赤ちゃんの心の発育の過程と言われても、体重が何グラム増えたとか、身長が何センチ伸びたとかいうような、ハカリやモノサシで測定することができないものであるだけに、私たちはなかなか理解しづらいものです。そこで私は子供の心の発育の様子と、母親、父親との関係を七枚の図に表わしてみました。

　ひと組の男女が結婚すると、男は夫という立場となり、女は妻という立場になります。そして夫と妻との間には心の通いあった一つの世界ができ上がります。この世界を私たちは家庭と言っています。これを〈図１〉のように表わすことができるでしょう。

妻が妊娠すると家庭は〈図2〉のようになります。妻は、来たるべき分娩に備えて心の準備をしなくてはなりません。妊娠中の妻は何をしている時でも、自分のおなかの中にいる胎児のことを忘れることはありません。そこには、まだ生まれていないわが子と母の対話がすでにあるのです。すなわち女性は妊娠したことが確実になったら、もうその時から、その女性の心の中には「母と子の世界」ができ上がるのです。

この世界には、残念ながら父親は垣間《かいま》見るだけで、足をふみ入れることはできません。すでに父親になっている人ならば、きっと一度は経験したことがあると思いますが、日常の、ごくふつうの家庭の中のやりとりの中で、何かの時、自信にみちた、あるいは覚悟ができたとでも言うか、今までに見たこともない断固とした妻の態度に出くわして、びっくりすることがあるものです。

45　三歳前後の「母と子の世界」

これはもう、まぎれもなく「母と子の世界」ができているからであり、夫（父親）は、今や妻のおなかの中の子を無視しての言動は許されなくなっているのです。

赤ちゃんが三歳になるまでは〈図3〉のように表わすことができるでしょう。母と子の世界は、さらに強固なものとなります。分娩によって赤ちゃんの身体は母親から分かれているので、母を示す円と子を示す円とは身体的な意味では離して書かなければならないところですが、精神的には赤ちゃんはまだ母親から離れてはいません。すなわち、三歳までは精神的にはまだ生まれていない状態である、と考えてもいいでしょう。したがって母を示す円と子を示す円とを重ねた状態に書いたのです。

子を示す円は赤ちゃんが発育していくにつれて、母を示す円の中からだんだん外へ出ていきます。先に述べた赤ちゃんの心の発育の第一段階と第二段階が、この〈図3〉に当ります。

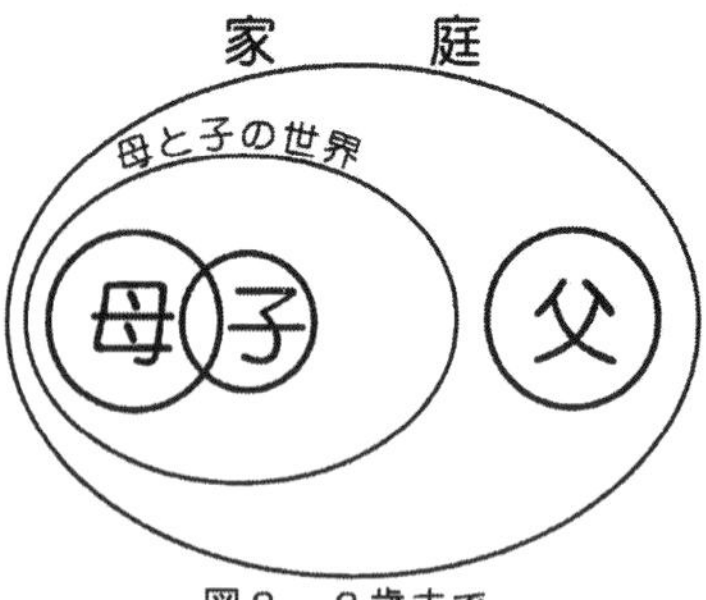

図3　3歳まで

赤ちゃんが二歳頃になると、母の円と子の円との重なり具合が半分ぐらいになるでしょう。この頃になると子供はもう走ることもできるのですから、精神的な面ではまだ母にくっついているとしても、身体的には母親から離れているように見えるでしょう。でも本当にそうでしょうか。実は、そうでもないのです。

二歳ぐらいから、子供は将来の自分の智能の発達に備えて、その土台作りにかかります。親や兄弟のすることをなんでもかんでも真似して、それをお手本として自分の脳に焼きつけているのです。そこに批判や選択はまったくありません。ただただ真似をするだけなのです。だから母親のすることは一挙一動、すべて真似をします。

たとえば、二歳の子供を連れて歩いている母親がいるとしましょう。この母親が、いきなり信号が赤になっている横断歩道を渡り始めたとすると、二歳の子供は母親に手を引かれていなくても何のためらいもなく母親と同じことをするのです。こうしてみると、二歳頃の子供は精神的にはもちろんのこと、身体的な面からでさえも、母親から完全に離れているとは言えないということがおわかりでしょう。

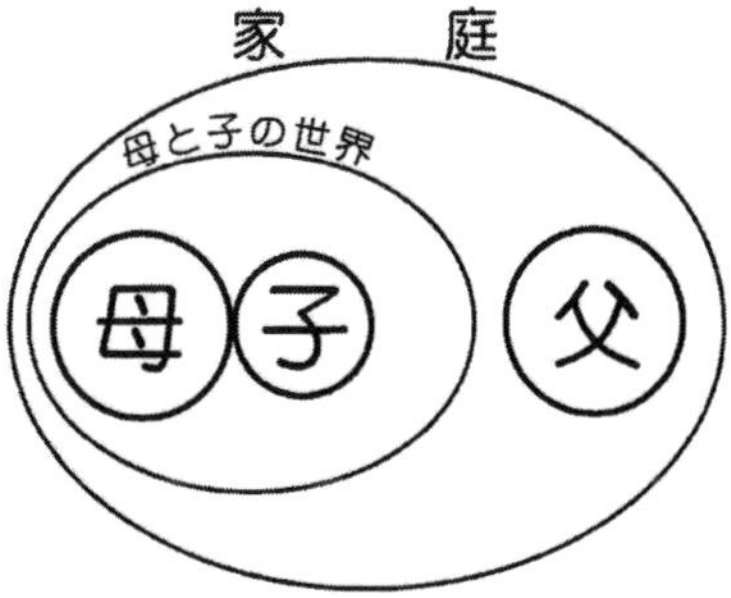

図4　3歳

子供はその後、精神的にも身体的にもぐんぐん発育を続けていきますが、しかし三歳までは常に母親を必要とします。すなわち赤ちゃんが三歳になるまでは、母親は朝から晩まで子供と一緒にいてやらなくてはならないのです。三歳という年齢の時期は〈図4〉のように表わすことができるでしょう。この年齢を境として、子供の心の発育の過程は第三段階へと入っていきます。

46 「時間」を覚えるとき

母親がたえず話しかけることによって赤ちゃんは少しずつ言葉を覚えていきますが、時間の感覚はどうやって覚えるのでしょう。それは母と子の一体感が、時々破られることによるのです。すなわち母親の姿が見えなくなった時のことです。

赤ちゃんにとって母親の姿が少しでも見えなくなると、それは心配なことになります。しかし襖を開けて隣の部屋へ入った時とか、風呂場へ行く引き戸から出て行った時などはあまり心配ではありません。だから泣いたりはしません。何故なら、このどちらかの出入口から出て行った時は、母親はいつもすぐ戻って来ることを赤ちゃんはちゃんと知っているからです。

母親がふだん着のままでも、玄関へ通ずるドアから出て行った時は、これはひょっとすると長い時間戻ってこないこともあるのです。この赤ちゃんには前に一度経験があります。母親が玄関の掃除をしようと思って表へ出たら、ちょうどお隣の奥さんに出会って、ついうっかり長話をしてしまったのです。赤ちゃんは一人ぼっちで置き去りにされたのかと思い、大声で泣きわめきました。母親はその声を聞きつけて急いで家の中へ戻ってきましたが、とにかく玄関へ行くドアから出て行った時、赤ちゃんは〝これは要注意だぞ。早めに泣いておいたほうがいい〟と思うものです。

母親が隣の部屋へ行って外出着に着替えて出てきたら、これは嬉しいことです。赤ちゃんもきっと一緒に外へ連れて行ってもらえるからです。外出着に着替えた母親に連れられて、赤ちゃんは母親の友達の家へ行ったこともあります。母親の友達の家は赤ちゃんにとっては初めて見る所なので、母親の姿が見えなくなった時は、すぐ戻るのか、なかなか戻らないのかという見当がつきません。だから母親がちょっとお手洗いに立った時でも、赤ちゃんはすぐ心配になって激しく泣きだします（愛着行動の強い発現）。

このような日常の生活動作の中で、母親の姿が見えなくなった時、母親が再び自分の見える所へ姿を見せるのは今からどれくらい経ってからなのだろうか、ということを考え、それがたび重なることによって、赤ちゃんは時間というものを覚えていきます。

ところが母親の代りをする人が一人ではなくて何人かいて、一日二四時間その人たちが交替で赤ちゃんの世話をする場合には、赤ちゃんにとってどの人が自分の母親なのかわからないので、心の中に母と子の一体感も、愛着行動も、安全の基地も発生しません。

そうするとその赤ちゃんは、それらが破られた時の不安、つまり母親の姿が見えなくなった時の不安というものを経験することができません。もともと一体感がないので、それらが破られるということが起こり得ないのは当然のことです。生後一歳になるまでの全期間を施設で過ごした子供の発育が著しく遅れるケースが多いのはこのことによります（64項参照）。

47　知能の基礎は言葉と時間

私たちはふだん言葉を使い時間を気にして生活していますが、しかし二歳ぐらいの子供にとっては、なかなか大変なことなのです。

二歳になったオサムちゃんとお母さんが留守番をしているところへ、お父さんから電話がかかってきました。お母さんとの話が終るとお父さんは「ちょっとオサムを出してくれ」と言います。お母さんはオサムちゃんの耳に受話器を当てます。

「オサム、お父さんだよ、何をしていたの」

オサムちゃんはびっくりしています。確かにお父さんの声なのです。でも、どうしてこんな物の中から聞こえてくるのだろう。

「ハハァン、さてはこの中にかくれているのだな」

オサムちゃんは受話器の向う側やら裏側やら、かくれているお父さんを捜しています。

二歳ぐらいの子供の、とても可愛い場面です。でも、何故こういうことになるかというと、この年齢ではまだ「言葉と時間」がしっかりと身についていないからなのです。

電話で話をする、これも私たちがいつもやっていることですが、実は大変重要な意味を持っています。電話を使っているとき、自分は受話器と話をしていると思う人はいません。受話器と話をしているにもかかわらず遠くにいる相手と話をしていると思うことができる、これこそが他の動物にはできない、人間にしかできないことなのです。

また人間は言葉を使って知識を自分の脳から外へ出すことができます。たとえば私がとても美味しいハンバーグステーキの作り方を知っているとしましょう。これは私の持っている知識で、私の脳の中にしまってあるものです。このハンバーグステーキの作り方を誰かが教えてほしいと言ったら、私はすぐさま言葉で言うか、文字で書いてその人に示すことができます。これは私の脳の中にあった知識を、脳の外へ出したことになります。

しかし動物にはそれができません。私が飼っている犬は、お座り、お手、伏せ、ぐらいのことはできます。これらはこの犬にとってはやはり知識で、この犬の脳の中にしまってあるものです。この犬はしかし、これらの知識を隣の犬に教えてやることはできません。それは言葉を持たないからです。すなわち、知識を脳の外へ出すことができないのです。

一方、私たちは時間も知っています。だから私たちは次の瞬間、一時間後、一週間後などという未来を予測することができるし、また、現在の状況から判断して、一時間前、一〇日前の様子を推測することができるのです。

たとえば私の友人が私の目の前で拳銃をもて遊んでいるとします。私はただちにこの友人に向って「危ないからやめろ」と言うでしょう。それは、もて遊んでいるうちに拳銃が暴発する可能性を予測できるからです。しかし私の犬が横で見ていても、危ないからと思って吠えたりはしません。同時に私は、その友人がいつどうやって拳銃を手に入れたのかということを推測するでしょう。

私たちが時間を知っていることによって、日常難なくやっていることがもう一つあります。たとえば大相撲のテレビ中継を見ている時、自分はあたかも国技館にいるような気持になっているでしょう。自分の家の茶の間で見ていることは忘れています。これは今画面に映っている映像は、東京の国技館でやっていることが同時にここに映っているのだ、ということを知っているからです。つまり私の場合ならば、旭川から東京までの距離を時間に置き換えて無視しているのです。

犬は相撲のテレビ中継を見ても、映っているものが人間だということはまったくわからないし、二歳のオサムちゃんならば〝テレビの中に人がいっぱい詰まっているのだな〟と思うのです。

先に述べたとおり私たちは経験したり学習したりしたことを自分の脳にしまい込んでおき、必要に応じてそれを脳の外へ出しますが、これは言葉と時間を知っているからできることなのです。脳の中にしまい込んである知識と、目の前で起こったこととが合わないと、私たちは怒ったり笑ったりします。たとえば喜劇の一幕で、登場人物の一人がいなくなった場面があるとします。このとき、そこに登場している別の人が、そのいなくなった人を一所懸命に捜しているとしましょう。その捜している人が「あいつは何処へ行ったんだろう」と言って、座布団をはぐってその下を捜したら、私たちはきっと笑うでしょう。これは人間の大きさは、座布団よりも大きいということが知識として脳の中に入っているからおかしいのです。

私たちが実際には受話器と話しているにもかかわらず、遠くにいる相手と話していると思うことができたり、ハンバーグステーキの作り方を教えてやったり、拳銃をいじっては危ないと思ったり、テレビに映った力士をみて、これは誰それだとわかる――こういうことができることを「抽象化《ちゅうしょうか》する」とか「概念化《がいねんか》する」とか言います。

抽象化、概念化することができるようになる、その土台となるものが「言葉と時間」

なのです。抽象化、概念化がうまくできないと、子供の知能の発達も遅れていきます。これは就学してからの学業成績、とくに国語と算数に大きな影響を及ぼします〈41項参照〉。

この抽象化、あるいは概念化ということの土台となる「言葉と時間」を覚える基礎トレーニングをする時期が、生まれてから三歳までの間です。この時期を過ぎてからこのトレーニングをやろうと思っても、それが「基礎」であるだけにもう間に合わないのです。

そうして、この基礎トレーニングを手伝ってやることのできる人は、朝から晩まで、ずっと赤ちゃんと一緒にいてやることのできる一人の女性——すなわち母親なのです。

48　切り離すことのできない母子の心

三歳を過ぎると、子供の心は次第にその子独自の、自分自身の心として母の心の中から独立していきますが、まだ、母と子の世界はしっかりと閉じています〈図5〉。したがってこの時期では、母親と長い間別れて暮らすということは、まだ無理なのです。

実際にはどれぐらいの期間、母親と別れて暮らすことができるかというと、四、五歳の子で二、三日。好条件がそろっていても二、三週間が限度。七歳から八歳になると、多

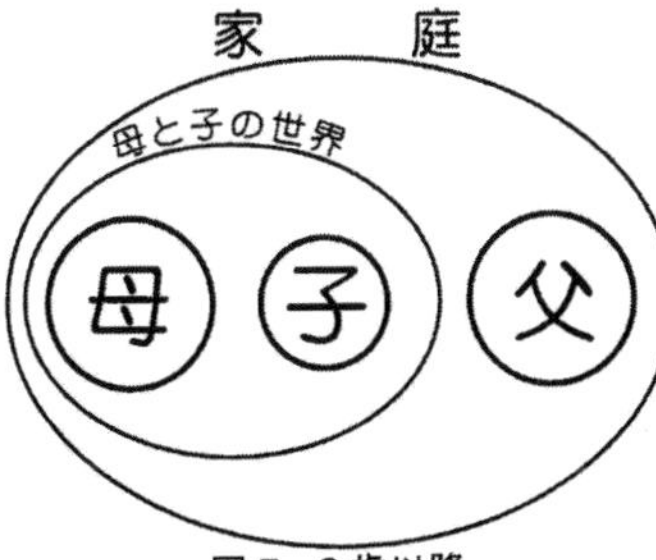

図5　3歳以降

少の心理的圧迫はあるけれども、一年ぐらいは母親と別れて暮らすことができると言われています（J・ボウルビィ）。

だんだん成長していくにつれて子供は母親の不在に耐えることができるようになりますが、情緒的に完全に独立するには一五歳ぐらいまでかかるのです。

だから、まして三歳にならないうちは、子供は母親から一《いっ》時《とき》も離してはならないということがおわかりでしょう。三歳にならないうちに子供を長期間にわたって母親から離すと、その子は精神的栄養不良（アタッチメント形成不全）をおこし、その子の将来の人格を大きくゆがめる危険性があるのです（このことについては、後であらためて述べます）。したがって長期間でもないし継続的でもないとはいっても、三歳になるまでは、できることなら子供を託児所や保育所には預けないほうがいいのです。

こういった場合に問題になるのは、このような状況に置かれると子供の心にはすべて傷がつくのか、ということです。そんなことはありません。何の影響も受けない子供もいるのです。しかし、そういう子は極めて少ないでしょう。

このことはちょうど次のような場合によく似ています。今ここに、インフルエンザの患者を何十人も収容している部屋があると仮定しましょう。そこにはインフルエンザのウイルスが充満しています。この部屋へ健康な子供が何人か入って行ったらどうなるでしょう。その子供たちは全員インフルエンザになるでしょうか。

そうではありません。ぜんぜんつらない子も、中にはいるのです。しかし実際には、その子供たちのほとんどは、やはりインフルエンザに感染し発病するでしょう。

子供が母と離別することによって受ける心の傷については、この例がよく当てはまると思います。だから私たちは、このような危険な状況に子供をさらすようなことは、できるだけ避けなくてはならないのです。

母と別れて暮らす時間が長くなればなるほど、子供の受ける影響は大きくなります。J・ボウルビィは多くの学者の研究をまとめた結果、無感動な精神病的性格を持った子供には必ずその過去に次の三つのうちのいずれかの生活体験がある、と言っています（『乳幼児の精神衛生』）。

一、三歳までの間、特に生後一年間、母親も養母もいなくて、母の愛をまったく受けなかった（母性的人物との愛着関係を欠いた）。

二、四歳になるまでの間のどこかの時期に、短い場合で三ヶ月、多くの場合では六ヶ月間、母の愛が途絶えた（母性的養育を喪失した）。

三、四歳になるまでの間のどこかの時期に母親が代った（母性的人物の変動）。これらの三つのうち、一は特殊な場合なので、実際の育児の上ではあまり問題にしなくてもいいと思いますが、二と三、特に二は、私たちの生活の中で、いつでも起こる可能性のあるものです。

先に私はインフルエンザを例にあげて説明しましたが、インフルエンザならば手当次第で跡形なくなおります。しかし、もしも子供の心に傷をつけてしまったら、それは一生消し去ることはできないのです。

49　幼児の心の内と外

幼児の心は母と子の世界の中にあるので〈図5〉、外の世界からのいろいろな働きかけ（刺激）が、直接的に子供の心に影響を与えることは少ない、つまり、幼児の周囲で起こるいろいろなことに対して、喜んだり、笑ったり、泣いたり、困ったり、怒ったり、という反応を幼児が示す時、それはすべて母親の気持に大きく左右されており、母親がいなければ外の世界からの刺激に対して、幼児ひとりでは何も対応することができないのです。このことを、私の外来でよくある場面を例に、言葉について見てみましょう。

母親に連れられて私の診察室を訪れた四歳の子供に「おとしはいくつ」と尋ねると、「四歳」と答えるか、あるいは指を四本出してみせます。これはふだん母親との会話の中で何回もトレーニングされていることで、その子にとっては何も考えることなく、反射的に答えることができます。

ところが「ノドが痛いの」とか「おなかが空いた」などという、答えるのに少し考えなければならない質問をすると、ほとんどの子供は、まず、そばにいる母親の顔を見上げます。そうして母親が、私が尋ねたのと同じことをもう一度「ノドが痛いの」と言うと、今度はコクリとうなずきます。

この時の子供の心の動きは、こういうことです。「ノドが痛いの」という言葉には、もちろんこれ以外の意味はありません。しかしその子供にとっては〝もしかしたら、これ以外の意味があるのかも知れない〟と思うのです。

そこで、私の口から出た言葉を、自分が聞き取ったとおりに受け取っていいのかどうか、母親も自分が今聞いたのと同じ意味にとっているのかということを母親の表情を見て確かめます（安全基地の確認）。

その時母親の口から同じ言葉が出ると、〝あぁ、やっぱり自分が聞いたとおりの意味なのだな〟ということを確認して、今度は「はい」とか「いいえ」とかで答えてくるのです。

四歳ぐらいの子供のこのような心の動きは、「その質問には一人では答えられない」ということです。だから母親が、「ほら、先生が聞いているでしょ。答えなさい」と言った場合は（こう言って突き放す母親はたくさんいます）、子供は困ってしまって、すぐには返答ができません（安全基地の確認ができない）。

この場合の私の質問のように、相手の言葉を理解するのに不安がある時はもちろん、いつも会っている人でも、ときには父親に対してでさえも、話の内容が少し込み入っていたり、自分にとって都合の悪い話を聞かされたりすると、とたんに子供は安全基地（母と子の世界）に逃げ込んでしまい、母親を通じてでなければ心を開こうとはしません。

このことは両親とも、しっかりと理解しておかなくてはなりません。

たとえば父親が子供を叱ったり、あるいは少し言って聞かせたいことがある時は、母親は必ずそばにいなくてはなりません。子供は父親の口から出てくる言葉を聞きながら、たえず母親の表情を見ています。そうして父親が言っていることに、母親が同意しているかどうかを確かめながら聞いているのです。

母親は父親の言うことにいちいちうなずき、「その通り、その通り」という顔をしていなければなりません。もちろん母親がお説教をして、父親がそばにいる場合も同じです。

このことを最も具体的に現わしているのは子供の食べ物に対する好き嫌いです。

今までに一度も食べたことのないものを、子供の目の前にさし出して「さぁお上がり」と言っても、ほとんどの子供はすぐには食べようとしません。そのとき母親がそれをいかにも美味しそうに食べてみせると、子供はようやく食べてみる気になります。

したがって子供に何かを食べさせようとするときは、まず母親がその食べ物を喜んで、美味しそうに食べてみせなければなりません。

一心同体のつもりでいる母親が、不機嫌な顔をして食べたり、あるいは食べなければ栄養の点で都合が悪いからという理由で、まるでキリギリスがキュウリを食べる時のような義務的な顔をして食べたら、子供は自分も食べてみようなどという気には到底なれないでしょう。

50　食べ物の好き嫌いは親が作る——ときにはちょっとしたお芝居も

「うちの子は好き嫌いが多くて困るんです」——耳にタコができるほど毎日の外来で聞かされる言葉ですが、しかしこれは結局親が作ったものなのです。

ここで、夫が野菜を好まない家庭を想定してみましょう。この家庭では結婚当初から野菜料理の少ない食生活になっています。

そこへ子供が生まれて、だんだん大きくなっていく。父親は「肉をたくさん食べて、強い子になれよ」などとよく言うものだから、子供はおかずの中から肉ばっかり拾って食べて、ちっとも野菜を食べようとしない。

「これではいけない」、あるとき母親は気づきました。そこで自分の母親、つまりその子供のお婆ちゃんから、おでんの作り方のコツを教えてもらったのです。

朝から用意して一日がかりでおでんを作って、父親の帰りを待っていました。

父親は夕食の食卓につくやいなや、

「なんだ、大根や竹の子ばっかりじゃないか」

と言ったのです。

たったこれだけの言葉で、母親の一日の努力は水の泡となってしまいました。

「あなた、そんなこと言っちゃいけないわ。この子に少しでも野菜を食べさせようと思っているのに」

「そうだったのか……」

と言っても、もう後の祭り。今さら「野菜を食べなきゃ大きくなれませんよ」なんて言ったって、馬の耳に念仏です。

両親が事前に打ち合わせをしておかなかったのが失敗でした。こういうときは、あらかじめ話の筋書きを作っておかなくてはなりません。

「おっ、おでんか。久しぶりだなぁ。この大根も竹の子も、うまいなぁ」——父親がこう言って喜んで食べると、子供は「それならボクも食べてみよう」ということになるのです。

子供の味覚というものは心理的影響を大きく受けるので、そういう雰囲気の中で食べると、その子は本当に美味しいと思うのです。

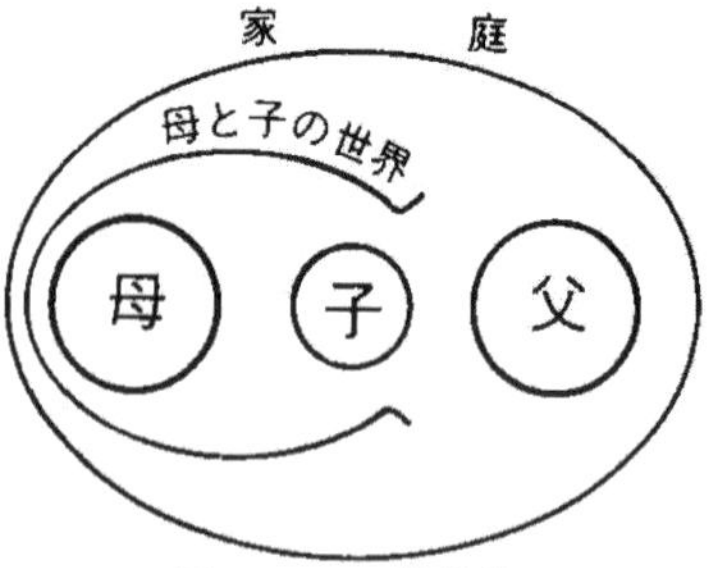

図６　１２歳前後

このように父親のちょっとしたウッカリや簡単なお芝居で、本来変わるはずのない味覚などというものまで変えてしまうのですから、子供の前で両親の意見が分かれたりしたら、子供が不安になるのは当然のことです。

まして子供の前で夫婦喧嘩などは絶対にしてはいけません。子供は絶望のあまり激しく泣き出します。

一二歳前後になると子供は自ら、それまで自分の心を包み、保護してくれていた「母と子の世界」のバリアを破って自分自身の心として独立し始めます〈図6〉。それに伴ってこの時期以後になると、ようやく父親の言動が母親を経由することなしに、直接的に子供に影響を与えるようになります。

第五章

父親の役割、母親の役割

51　父の出番―母親の強い後ろ盾になる

一五歳ぐらいになると子供の心は独立し、この時から子供にとって父親は母親と同等の存在となります〈図7〉。このことは一五歳までの育児に父親は必要ないと言っているのではありません。それどころか絶対に必要なのです。ただ、この時期まで子供にとって父親は直接的に必要なのではなくて、母親をとおして間接的に必要としているということです。母親が安心して胎教にはげむことができるのも、赤ちゃんの世話に全精力をかたむけることができるのも、さらにその後の躾に専念することができるのも、すべて母親の父親に対する信頼と、父親の深い愛情に支えられた、あたたかい家庭があって初めてできることです。

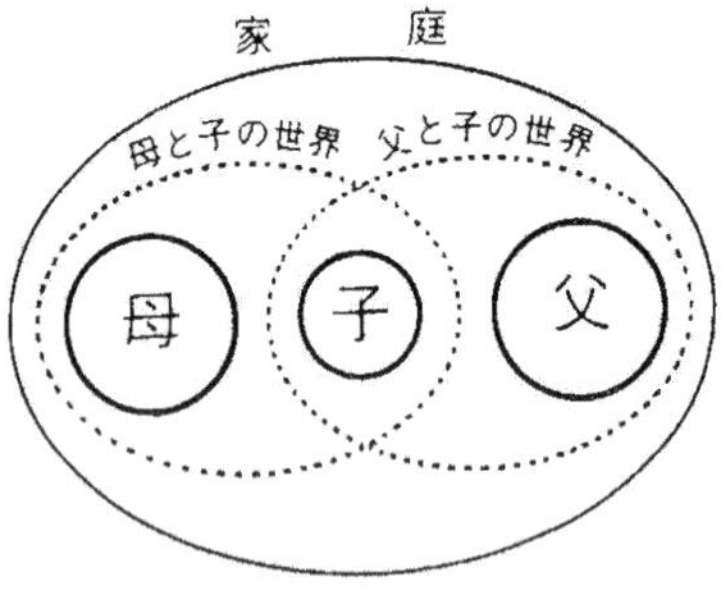

図7　１５歳以降

育児というものを一五年間のドラマだと考えると、その主役は母親で、父親はその舞台の床《ゆか》だということができるでしょう。床がしっかりしていなければ、その上にのっている役者は安心して演技ができません。床がでこぼこだったり、穴があいていたりすれば、役者はそこに足をとられて充分な演技ができないでしょう。つまり育児というドラマの進行に支障をきたすわけです。

「父親が育児に参加する」――たとえば入浴、オムツの取り替え、哺乳ビンでの授乳、オンブなど、これらは当り前のことで何もわざわざ言う必要のないことですが、ただそれはあくまでも母親を労《いたわ》り、励まし、感謝し、援助する強い後ろ盾になることの一部なのであって、育児の主役になるのではありません。舞台の床から手や足が出てきたら、その舞台はお化け屋敷になるでしょう。父親は子供が乳幼児期のうちは、育児の主役にはなりたくてもなれません。人類のＤＮＡには、そのようなプログラムは書かれていないのです。

しかし父親が舞台の床としての役割を果さないと、それが子供の病気となってあらわれてくることが多いのです。実際、私は日常の診療を通じてつくづく思い知らされるのですが、夫婦の仲が円満でない家庭の子は、円満な家庭の子にくらべて、はるかに病気にかかりやすいし、病気になったら、なかなかなおらないものです。

しかもその病気というのが、おねしょとか神経症というような精神的な病気ではなくて、カゼとか気管支炎とかいう、病原体のある病気になるのだから不思議です。

これはたぶん、夫婦の仲が円満でないということが母親の気持をいつも動揺させていて、そのことによって子供の心が常に不安な状態におかれているために、その子の身体の防御《ぼうぎょ》体制にすき間ができ、ふつうなら寄せつけないような病原体でもやすやすと身体の中に侵入させてしまうのでしょう。

52　父親は子供と遊ぶのを一番の楽しみにしよう

結婚もしていないのに子供だけは欲しい、という男性はほとんどいません。しかし結婚はしなくても子供を産みたいと願う女性は、そうめずらしくありません。このことは当然のことなのです。というのは、母性はＤＮＡにプログラミング（１１２項参照）され、ホルモンの分泌によって加速されている、つまり生物学的に自然発生するものであり、その対応は「無条件」「無制限」のものだからです。

一方、父性というものはＤＮＡに書かれていないので、自然発生はしません。社会的、後天的に発生するものです。したがってその対応は無条件でもないし、無制限でもありません。しかし社会的発生だからこそ父親は子供に社会性を教えることができるのであり、言い換えれば、このことこそが父親の役割の中心をなすものです。

前項で乳幼児期の父親の役割は舞台の床だと表現しましたが、日常生活の中で子供に社会性を教えることにつながる父親の大事な行動は、「子供と本気で遊んでやること」です。子供の社会性は遊びの中で身につくものなので、徹底して遊んでやればいいのです。もちろん遊びの種類は子供の年齢によって違いますが、子供は一歳ぐらいから父親を母親とは区別しており、その遊びの中で父親に協力します。これがすなわち「社会性の芽生え」です。

父親との遊びには、母親にはできない、少し危険な、乱暴なことを子供は求めます。少し危ない遊びだからこそ、父と子の協力がなければ進行しないのです。乳幼児期でよくやる遊び、たとえば子供を上へ放り上げて落ちてくるのを受けとめる遊び。よく観察してみると、上へ放り上げられると、一歳ぐらいの子供でさえ落ちて来る〇・〇何秒の間に、父親が受け取りやすいように身体をひねります。これはもう立派な協力だし、社会性なのです。

では、子供と遊ぶのはいつ頃までか。

子供は一二歳ぐらいから親や先生の言うことよりは、仲間や先輩の言うことのほうに従う傾向が出てきて、集団行動をとるようになります。それで、この年齢の前後を徒党時代（ギャングエイジ）と呼ぶことがありますが、父親が子供と積極的に遊んでやろうという心がけは、このあたりまでを目途にするといいでしょう。したがって子供が一二歳前後になるまでは、父親は子供と遊ぶことを自分の一番の楽しみにしなくてはなりません。言い換えると、父親は子供が小学校を卒業するまで、「自分だけの楽しみ」、「自分だけの休日」を諦《あきら》めることです。

ここで注意点を一つあげておきます。それは、遊んでやるとは言っても、あくまでも躾、教育の一環なので、父親は常に指導的立場にいなければなりません。だから父親と子供との間が「友達のような関係」になっては絶対にいけないのです。ここのところは今の日本の父親の最も陥りやすい誤解なので厳重な注意が必要です。

53 父親は大いに人生を語るべし

子供と本気で一所懸命に遊んだ父親は、どんなことでも話し合える関係を子供と築くことができ、父親としても成長します。子供は将来何になりたいかということをよく言います。年齢が小さければ小さいほどできそうもないことを言いますが、これに対して両親は常に本気で、真面目に対応しなければなりません。子供が小学校高学年に達したら、それ以降は生きる目的と理由を子供と一緒に考えましょう。人生にとって何が一番大切なのか、父親は子供に自分の人生観を語らなくてはなりません。また自分の生い立ちも語りましょう。そして日本人として生まれた幸せを感謝し、誇りとしましょう。

子供は中学校へ行く頃から、そろそろ自分の人生指標を決めなければなりません。父親は、子供の人生指標の形成を指導していくのです。すなわち「誰のようになりたいのか」「何に人生を懸《か》けるのか」、この二つの問いの答が人生指標となる（8項参照）のですが、父親は「自分は誰のようになりたかったのか」を語らなければなりません。生い立ちを語る必要性はここにあります。また子供の出した指標について、本気で真剣に考えてやらなくてはなりません。さらに人生指標の形成には、幼少時から読んだ偉人伝が大きくかかわってきます。

昔から床屋さんとか洋服の仕立屋さんなど、父親が自宅で仕事をする職業の人の子供は非行に走る率が低いと言われています。理由は、一所懸命に働いている父の姿を見て育つからでしょう。つまり、自分の職業が社会に役立っていることを子供に伝えることが大切なのです。これがすなわち、「自分は何に人生を懸けているのか」を子供に示すことになります。このことは自営業の親ばかりではなく、サラリーマンも同じです。すなわち会社の使命と社会に対する貢献、その中での自分の役割があるのですから、同様に言えるはずです。

だから子供が中学校を卒業するまでは、「なんとなく現在の職業に就いた」とは、かりに本当であっても言わないこと。特に子供の前で職業上の愚痴を言わないこと。これが肝心です。

父親が自分の役割を全うし、母親の強い後ろ盾になっている親子には良好なアタッチメント（42項参照）が成立します。アタッチメントのしっかりできている子供は、年長になれば何人も出会ったうちの、どの人が自分にとって真の友なのか、どの先生が本当に自分を導いてくれる人なのか、ということを的確に選別することができるようになります。何故なら、アタッチメントが正常に構築できている人だけが、人を尊敬したり、その人のようになりたい（同一視）と思うことができるからです。

さらに、一生涯苦楽を共にする伴侶《はんりょ》となるべき恋人が見つかれば、新しく補完された愛着対象として強い絆が結ばれていくでしょう。

54　善悪と真実の人生か　損得と妥協の人生か

人間には個人として生きる面と、社会（群《むれ》）の一員として生きる両面があります。後者のために私たちは子供に社会性を身につけさせなければなりませんが、具体的に言うとそれは『群（社会）に加わるための掟《おきて》』を教えることであり、それが「躾」です。このことを実践していく時、父親には「強さ」「厳しさ」「忍耐力」がなくてはなりません。

私たちは目の前にいきなり何かを突き出されたら瞬間に目を閉じますが、こういう動作を「反射」と言います。これと同じように、その場面に出会った時、躾された内容を子供は反射的にやれなくてはなりません。考えてから対応するのでは役に立ちません。つまり、躾とは社会的反射のことなのです。これは理屈ではないので、強制的に子供に教えなくてはなりません。だから父親は強くなければならないし、厳しくなければならない、また忍耐強くなければならないのです。父親と子供とが友達のような関係ではいけないと言った（52項参照）理由は、ここにあります。

これに母親も加えて、父母と子供は対等ではないのです。この点も非常に重要です。父母と子供が対等になると、躾、教育がうまくいきません。理由は、「保護」が「干渉」になり、「指導」が「助言」となり、「命令」が「依頼」にしかならず、すべてのことについて強制ができなくなるからです。

父親は子供の年齢に応じて「男らしさ」「女らしさ」「善悪」「公正」「秩序」「規律」「良心」「信念」「信頼」「尊敬」「友情」「忍耐」…などを教えていくのです。父親がしっかりしていないと、このどれも教えることができず、子供は「善悪と真実の人生」ではなく、「損得と妥協の人生」をたどることになります。

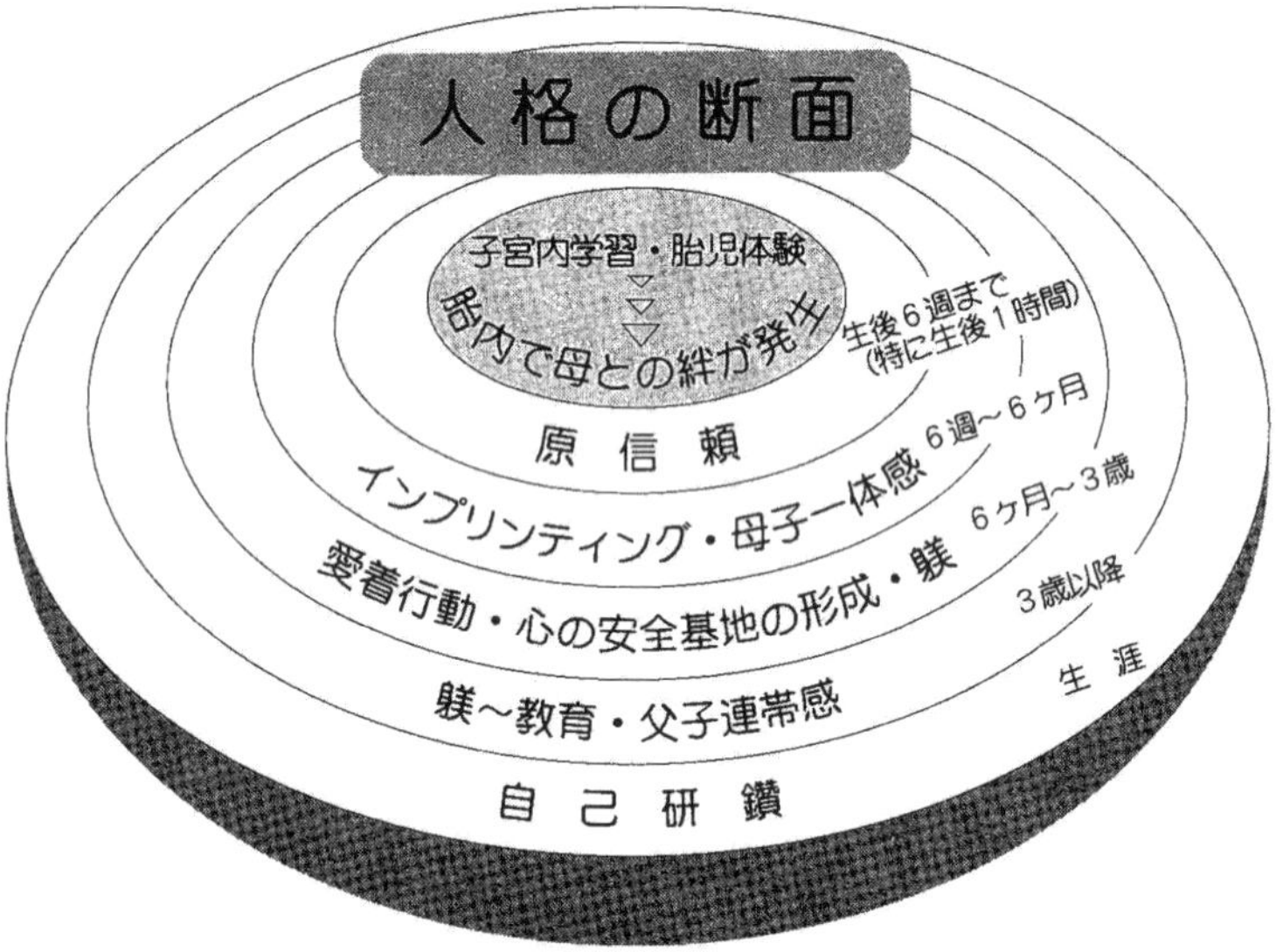

図8

子供は、出生直後から数えきれない、いろいろな場面にさらされます。それに対して、その時その時に応じた適切な保護、指導、命令がなされ、それが「人生のその時の一層」として固定され、さらに新しい層が何度も重なって人格が形成されていきます〈図8〉。つまり人格は「胎児期を核とする重層構造」になっているのです。

一方、老人になって人格が変わっていく人の場合は、この外側、すなわち後で身についた層から剥《は》げ落ちていきます。だから暴言、暴行など、異常行動が激しくて手に負えない状況の場合、かなり内側まで剥げ落ちて核に近い部分が露出している状態なので、「その時期の育ち方はどうだったのか」、すなわち正常なアタッチメントが形成されていなかったのではないか、ということが推定されるのです。だからアタッチメントが正常な人は、必ず「かわいい老人」になります。

55　母親は朝寝坊をしてはいけません

その年の四月二九日は朝からぬけるような快晴。今日は近くの山へアイヌねぎ（行者にんにく）の様子を見に行くことになっています。準備に少し手間取ったため時計の針は午前一一時を指していました。

そこへ病院から電話がかかってきました。急患です。診察室へ行ってみると、ぐったりしてヘナヘナになった子供を抱いた母親が待っていました。ひととおり診察してみたところ、どこといって、とくに病気らしいものは見当たりません。母親に前後の様子をたずねてみても、ヘナヘナであること以外は何も症状がないのです。その子供は二歳でした。私はピンときたので、その子供にブドウ糖液を静脈内に注射しました。そうしたらどうでしょう。その子供はみるみる元気になったのです。

「お母さん、この子は何時頃に起きたの」

「たぶん六時ごろだと思います」

「お母さんは」

「一〇時ごろです。ゆうべお客さんが来て遅かったものですから」

「それで、朝ご飯は」

「まだです」

要するにこの子供は腹が減っていただけだったのです。この実例はしかし実に重大な教訓を与えてくれています。それは母親の朝寝坊の問題です。この子供は、母親がいつものとおりに起き、いつものとおりの時間に朝ご飯を食べさせていれば、あんなヘナヘナになることはなかったのです。ひょっとして前の晩の食事も満足に与えられていなかったのかもしれません。このように急に弱った状態になるのはめったにないことですが、母親の日常の生活が規則正しくないと、子供の順調な発育を精神的にも身体的にも妨げるいい例です。

日常生活を規則正しいものにするには、何をおいても母親は朝寝坊をしてはいけません。心身ともに子供の健康な発育を願うなら、赤ちゃんが生まれたら、いや妊娠中から「私は決して朝寝坊はしない」と誓わなければなりません。

母親というものは、その家庭で「一番先に起きる人」でなくてはならないのです。しかもその上、いかに家の中が暖かくても、外から見えなくても、朝食の用意やお掃除をするときは、ねまきや、パジャマのままでやるのはいけません。

「お母さんはボクが何時に起きても、いつもきちんと身支度をしている」――。このことが子供にとってどれほど頼もしい母親として映るか、また「毎朝ほんとうに大変だろうな、ご苦労さま」と思う気持、それは計り知れないよい結果をもたらします。このことだけでも子供は母親を尊敬し、言うことを聞く気になるのです。

聞きなれた言葉ですが「子は親の後ろ姿で育つ」とか、「子は親の言うとおりにはしないが、するとおりにする」などというのは、なにも難しいことを言っているのではなく、こういうことを言っているのです。

56　規則正しい生活をしましょう

「お母さんはうちで一番先に起きる人」になると、子供が起きる時間、朝ご飯の時間、お昼ご飯の時間、おやつの時間、昼寝の時間、夕ご飯の時間、お風呂に入る時間などが自然に正確に決まってくるものです。

そうしてこのハンで押したような規則正しい生活を、日曜日であろうが、祝日であろうが、お客さんが来ようが、頑《がん》として崩さないことが、子供を心身ともに健康に育てるコツなのです。子供の健康を願うならこのことを守りましょう。自分も遊びたい、子供も健康でいてほしい。これは欲ばりというものです。二兎を追う者は一兎をも得ずです。また別の見方をすれば、先に苦労するか、後で大苦労するかです。

特に子供が三歳にならないうちはこのことが大切です。たとえば三歳未満の子供を連れて海水浴に行ったり、動物園へ行ったり、あるいは温泉へ泊りがけで行ったりするのは、子供にとって害にはなっても、なんのプラスにもなりません。たしかに子供はその時は喜ぶし、楽しそうにはしゃぎまわります。しかしそれはそれでしかなく、実際には健康の上からも、躾の点でも、情操教育効果の面でも、まったく無益で、結果的には子供が心身共に疲労するだけなのです。

親のほうにしてみれば、現実に子供は喜ぶし、子供にこれだけのことをしてやったという満足感を覚えます。この満足感を持つことはいいことだし、また必要なことでもあるのです。しかし子供が三歳を過ぎないうちは残念ながら無駄なことなのです。

「心身共に」のうち、まず心のほうについて述べましょう。そういう所へ三歳にならない子供を連れて行っても、親子の絆《きずな》を特別に強めるという効果はありません。言い換えれば、そんなことに頼らなくても親子の絆はでき上がっていくということです。知能の面についても、三歳にならないうちは言葉と時間をしっかりとは覚えていないので、海水浴や動物園や温泉に行ったことが記憶として残って、その後の知能の発達の役に立つということはほとんど期待できません（47項参照）。

次に心身の「身」のほうですが、これはふだんの生活と違うことをしたことによって、子供の日常生活のリズム（体内時計のリズム）が崩れ、極度に疲労するのです。その結果、ふだんなら寄せつけない病原体でも身体の中に入ることを許してしまう、つまり病気になる可能性が高くなります。

三歳未満の子供にとっては海水浴や動物園や温泉に連れて行ってもらうよりは、お父さん、お母さんと一日中、いつもやっている積み木だの絵本だので遊んでもらうことのほうが、ずっとありがたいのです。

子供を連れて遠くへ行ったり泊まったりするのは、子供が三歳を過ぎてからにしましょう。海の水が塩からいのも、虎とライオンが違うのも、三歳を過ぎてから教えて十分間に合うし、そのほうが効果があるのです。

57　連休や来客は育児の大敵

読者のみなさんもたぶん思い当たるふしがあると思いますが、連休や来客のとき、不思議と子供は病気になるものです。中でも問題なのは泊りがけで来たお客さんです。親のほうはつき合いの手前、おろそかにするわけにはいかないので、いろいろと気を遣います。その分だけ子供に対する注意がそれます。そうすると子供の体調の変化に気づくのが遅れたり、けがや事故を未然に防ぐことができなかったりするのです。

だから私たちは、小さな子供のいる家庭には絶対に泊りがけで遊びに行ったりしないように心がけなくてはなりません。夕食をご馳走になっても、いくら引きとめられても午後八時にはおいとまする ことです。

私にとっても、盆と正月とゴールデンウィークとお祭りの明けた翌日は大変な外来日となります。子供を病気にさせてしまった親がワンサと押しかけて来るからです。ふだん、私の外来を訪れるお母さんたちにはいつも言っていることなのですが、「連休と来客は子供にとって最大の敵」なのです。

規則正しい生活をしていると、それは子供が中学校や高等学校へ行くようになっても良い効果をもたらします。赤ちゃんのときから規則正しい生活習慣を身につけられてしまうと、それが儀式化してなかなかその習慣を崩すことができないものです。いい例が寝る前のオシッコです。寝る前に必ずオシッコをして、それから床に入るように躾けられた子供は、大人になってからでも、さっきしたばっかりでも、もう一度便所へ行ってからでないと気になって眠れないものです。

規則正しい生活を躾けておくと、子供が何歳になっても、たとえば夕食の時間なのに遊びに行ったまま帰って来ない、などということを防止することができます。また非行に走ったりする可能性を少しでも少なくさせるでしょう。そのためには、まず親が身をもって規則正しい生活をやってみせなくてはなりません。朝は早く起きなければならない、友人との交際は制限しなければならない、休日もふだんと同じ時間に起きなければならない——。子供に規則正しい生活の躾をするのは親にとって決して楽なことではありません。いや、それどころか、つらいものです。時には泣きたくなることもあるでしょう。しかし、物は考えようです。「先に泣くか、後で泣くか」です。つらくても是非、実行していただきたいのです。

特に父親は、子供が小学校を卒業するまでは「自分だけの休日」「自分だけの楽しみ」を望んではいけません。そしてもし二歳下に子供が生まれたら、これをさらに二年延長しなければなりません。そうして、とにかく子供と遊んでやることです。会社の仕事が忙しいからといって夜遅くまで飲み歩いて、そうでなくても赤ちゃんの世話で疲れている妻に、深夜までイライラさせる亭主などは、まったくもってのほかなのです。

58　体内時計

前項で三歳未満の子供にふだんと違った一日を過ごさせると極度に疲労すると述べましたが、それは体内時計の問題なのです。体内時計は概日周期とも言って、一日二四時間の生命現象のリズムのことで、ホルモンによって制御されています。

これは動物行動学の分野で、渡り鳥がどうして正確に方向を定めて飛ぶのか。ミツバチがどうして間違いなく巣箱に帰って来ることができるのか。ネズミやゴキブリなどの夜行性の動物がどうして夜だということがわかって夜だけ行動するのか。サケはどうやって生まれ故郷の川を見分けるのか。――などなどの問題を研究している学者によって発見された二四時間を周期とする一日のリズムのことを言い、あらゆる動物が持っていると考えられています。

何十億年もの昔、この地球上に初めて生命というものが誕生し、それが進化して現在のさまざまな動物になったと言われていますが、人類はそれらの動物の、いいところだけをかき集めてできています。だから私たちの身体には、昆虫や、魚類や、鳥類や、他の哺乳類たちの能力の一部が少しずつ入っており、このことによって人類は他の動物よりも環境に順応する力が強く、空気と食糧さえあれば地球上どこででも、宇宙にさえも住むことができるのです。

私たちの体内時計は具体的にどんなことかというと、「今は朝だ」、「今は昼だ」、「今は夕方だ」、「今は真夜中だ」ということを、考えて計算したり、時計の針を見て確認したりしなくても、身体がちゃんと認識しているということです。

だから私たちの身体が覚えているこのリズムに逆らうようなことをすると、身体の調子が悪くなるのです。

身近な例としては「時差ボケ」があります。体内時計は一日二四時間のリズムなので、時差ボケは東西に短時間で移動したときに起こります。たとえば日本からアメリカへ飛行機で行くと、私たちの体内時計は飛行機のスピードに間に合わず、体内時計の覚えている昼と夜が実際の昼と夜に合わなくなって時差ボケになるのです。しかし船でアメリカへ行った場合には、体内時計は船のスピードにならばついていけるので、時差ボケは起こりません。また日本の真南にあるオーストラリアへは、飛行機で行っても南北の移動なので時差ボケは起こらないのです。

日常的な例では以下のようなことがあります。――〝明日は日曜日だから朝寝坊ができる〟と思って寝たのに、いつものとおりの時間に目が覚めてしまった。でも折角の休日だからもう少し寝ていたいと思い、二時間か三時間眠ってから起きた。ところが長く眠ったわりにはどうも身体の調子が悪い。あるいはそれがきっかけでカゼをひいてしまった。これはよくあることです。二度眠ったせいで体内時計のリズムが崩れたのです。

59　乳幼児と体内時計

赤ちゃんは生まれてから一ヶ月ぐらいは昼も夜もないような状態が続きます。その後、次第に昼と夜との違いがはっきりしてくるのですが、しかし一歳ぐらいになっても夜中に起き出しておもちゃで遊び始め、親を困らせるなどということがときどき見られます。まだ体内時計のリズムがしっかりとはでき上がっていないからです。

体内時計というものが発見されたいきさつから考えてみると、体内時計とは鳥にしろ昆虫にしろサケにしろ、速いスピードで移動する動物の定位の能力（動物が身体の位置、姿勢、移動する方向などを自分で決定すること）の一部であり、このことから類推すると、また私のこれまでの経験から言っても、人間の場合も体内時計のリズムができ上がっていくことと、赤ちゃんが自分の身体を移動させることができるようになることとは、どうも密接な関係があるように見えます。

すなわち赤ちゃんが這うようになる七ヵ月前後、ひとり歩きができるようになる一歳前後、疾走できるようになる二歳以降、これらの三つの段階の発達にともなって、赤ちゃんの体内時計がだんだんしっかりしたものになっていくようです。このことはまた、アタッチメント（愛着行動）の発達の過程とも見事に一致しているのです。

だから、六ヶ月未満の、まだ這うことができない赤ちゃんの場合には、56項で例としてあげた泊りがけの旅行などという体内時計のリズムを崩すようなことをされても、案外病気になったりしないものです。子供の体内時計のリズムが大人と同程度になるのは小学校高学年、だいたい一〇歳以降のように見受けられます。

したがって一〇歳未満の子供、とくに六歳未満の子供はまだ体内時計のリズムが完全にはでき上がっていないので、ちょっとしたことでリズムが崩れやすく、崩れた状態に置かれるとカゼやその他の伝染病の病原体が身体に侵入するのを許してしまう、つまり病気になりやすくなるのです。

だから、三歳未満の子供を託児所や保育所に預けるのは、精神的心理的な面での危険性が心配であるばかりではなく、身体的な面においても、つまり病気になりやすいという点でも危険性が高いのです。子供にとってあらゆる面で百害あって一利なしなのです。

また幼稚園で「お泊まり会」と称して園児を幼稚園に一泊させる行事があります。この行事は、誰がどんな教育効果を期待して思いついたのかわかりませんが、医学的に見るとまったく困ったものなのです。この行事が子供の体調をいかに狂わせるか、つまり体内時計のリズムをどれほど崩してしまうか、みなさんにはもうおわかりでしょう。幼稚園の関係者はこの行事について再検討し、できればやめてほしいと思っています。

60　母親はいつも家にいること

子供に規則正しい生活を躾けていく上で最も望ましいのは、母親が常に家にいることです。子供の心が成長していくのに「母と子の一体感」と、そこから発生する「アタッチメント」が必要不可欠であることは先に述べたとおりですが、アタッチメントが成立して子供の心に「安全基地」ができ上がるには三歳までかかります（43項参照）。だから子供が三歳になるまでは、母親は一日中家にいることが望ましいのです。

赤ちゃんは、生まれたときはまだ人間になってはいません。それが言葉を覚え、時間を知り、愛にふれて次第に人間になっていくのですが、三歳までの間に44項で述べた心の発育の三つの過程を通ります。それらを不足なく終了するためには母と子の一体感が確立していなければなりません。そうすると結局、子供が三歳になるまでは母親はいつも家にいないわけにはいかない、ということになってしまうのです。

三歳を過ぎると、子供は母親がそばにいなくても母親との精神的な関係を維持することができるようになります。とはいっても、母親と長い間別れて暮らすのはまだ無理です。

実際にはどれくらいなら母親と別れて暮らすことができるかと言うと、四歳から五歳で二～三日。おばあちゃんが見てくれるなどというような好条件がある場合でも二～三週間が限度。七歳から八歳になると多少の心理的圧迫はあるけれども、一年ぐらいは母親と別れて暮らすことができると言われています。

その後は成長するにつれて母親の不在に耐えることができるようになるのですが、情緒的に完全に独立するのは一五歳以降です。私たち大人にさえホームシックという言葉があるくらいですから、この過程は理解いただけるものと思います。

子供が幼稚園から小学校へ行く年齢になると、母親は一日中子供と一緒にいなくてもよくなります。それでも子供が家から出て行くときと、幼稚園や小学校から帰ってくるときは家にいてやらなくてはなりません。

子供が玄関を出るときには、「気をつけてね」、「待っているわよ」と必ず言ってやるようにし、できれば子供が角を曲がるまで見送ってやるのがいいのです。子供は何回も振り返り、手を振り、満足して出て行きます。

子供が帰宅するときも同じです。何か用事があって外出する場合も、子供の帰宅時間より少し先に帰って、前からずっといたような顔をしているのがいいのです。そうして、「お帰りなさい」、「今日はいい子だったの」などと言って、しっかり抱っこをして、帰ってきた子供をやさしく迎えてやることが大切です。

〝お母さんはいつもボクを待っていてくれる〟と子供が思うようになると（安全基地の確信）、これは育児のあらゆる面で非常にいい効果を上げるようになります。帰りに友達の家に寄るときなども、自分から連絡してくるようになるものです。〝待っていてくれるお母さんに済まない〟と思うからです。

61　母は空母、子は艦載機

三歳を過ぎた子供と母親との関係は、ちょうど航空母艦と艦載機（戦闘機）の関係にそっくりです。このとき父親の役目は艦長です。

子供（艦載機）は幼稚園に行ったり、学校へ行ったり、遊びに行ったりして母親（空母）のところから飛び立って行きます。幼稚園でも、学校でも、また遊びの中でも、楽しいことだけではなく、悲しいことや、悔しいことなど、毎日毎日、あるいは毎時間ごとに体験しては、また母親のもとへ戻ってきます。そうして、今日あったことを全部お母さんに話したいのです。このとき、母親は常に本気で聞いてやらなくてはなりません。

飛び立って行った子供は、ときには大手柄を立てたと喜んで、ときにはいじめられてしょんぼりして、ときにはけがなどして泣きながら、母親のもと（安全基地）へ帰ってくるのですが、艦載機が帰還したときに予定の場所に空母がいなかったらどうなるでしょう。その飛行機は、空母が見つかるまで上空で旋回していなければならないでしょう。そのうちに燃料がなくなれば海に落ちてしまうし、燃料がもたないと思えば、着陸してはいけないと知っているところへでも、いやでも不時着しなければならないでしょう。つまり子供は、ふだん行ってはいけないと言われているところへも、つい行ってしまうことになるのです。

子供はほんの庭先へ出るときでさえ、いつでも帰還して着艦できる空母（母）を必要としており、それがあるからこそ安心して飛び立って行くことができるのです。実際、面白いことには、子供というものは母親が家にいるとき、すなわち「安全基地の確認」ができるときは外へ遊びに出るけれども、いないと出ないものです。それは不安だからです。

母親が子供の心の安全基地としてアタッチメント（愛着行動）の強化をはかっていく上で大切なのは、子供が外出する時と帰宅した時に、必ずしっかりと抱きしめてやることです（60項参照）。子供はこの抱っこですっかり満足し、心の栄養のタンクを満タンにして安心します。

私の過去五〇年の育児指導での経験では、抱っこをした親子と、しなかった親子とでは、後になって大きな違いが出てきます。数字で示すことはできませんが、抱っこをしてもらった子は、なべて、人の気持のわかる心のやさしい子になっています。

そして抱っこは、朝起きたときと夜寝るときもしなければなりません。従って一日四回、最低限これだけはやってください。一回五秒で十分です。もちろんこれより多いのはいくら多くてもいいのです。

抱っこにはもう一ついいことがあります。それは子供のその時の身体の様子が母親にすぐわかることです。たとえば汗ばんでいるとか、息遣いが荒いとか、熱があるとか、さらには外で何かあって、そのことでしょんぼりしているなどという情緒的なことまで、抱きしめることを習慣としてずっとやっていれば、母親には手に取るようにわかるものです。

62　抱っこはいつ頃までやればいいのでしょう

母と子のアタッチメントとは、どんな状況下でも子供が安心して母親に守ってもらえる、母親のほうから言えば必ず守ってあげる、ということが無言のうちに確立している状態のことでしたね。

しかしここで一つだけ注意しなければならないことがあります。それは密室密着育児において発生する母子双方の心理状態とは違うということです。母子が何らかの理由により孤立した状態、たとえば超高層のマンションで昼間は母子二人きりで、一日中誰とも会わないような場合、もちろんこのような状況でも母親はせっせと抱っこしなければならないのは当然なのですが、子供が赤ちゃんの場合には母親自身もさびしいので、誰かに守って欲しい状態になりやすく、そうなると母と子の間に「守り守られる関係」が発生しづらくなります。すなわちアタッチメントができづらくなるのです。こういうときの母親の心理としては、目の前にいる子供に自分が守ってもらっているような錯覚が発生することがあるのです。母親のこの心理は直ちに子供に伝わるので、子供のほうも心配で母親から離れられないという気持になり、後になって病的な「登校拒否」に発展する恐れがあります。

このような環境、またはそれに類似する環境におかれている母子は、つとめて人の中に入るか、同じ年頃の子供を持つ友達と交流を深めるようにしなければなりません。そうしないと母と子のアタッチメントの形成の問題ばかりではなく、子供が言葉を覚えるのが遅れる原因にもなります。

さて、それではいつ頃まで抱っこしてやればいいのかという問題が出てきますね。答は簡単です。子供が小学校へ行こうが中学生になろうが、子供のほうから「もういらない」とか「もういい」と言い出すまでです。

そんなことをしていたら、いつまでたっても乳離れしない甘えっ子になるのではないかと思われるかもしれません。ところがその点はまったく心配無用なのです。子供はあるとき突然「もう抱っこしてくれなくてもいい」と言います。これは、おなかがいっぱいになった子供が「もうご飯はいらない」と言うのと同じです。そして「もういい」と言い出す時期は、抱っこの習慣がしっかりとついていればいるほど早いのです。子供がそう言ったとき、その子供は一段階成長したのであり、また一つ大人になったのです。「もういい」と言うようになるのは早い子供で一〇歳前後、遅い子供で一二歳ぐらいです。そのときは、「偉くなったね」とか「強くなったね」などと言って褒めてやりましょう。

逆にまずいのは、子供が抱っこして欲しい時期に心ゆくまで抱っこしてもらえず、その不満をずっと持ったまま成長した場合です。こういう子供は今さら母親に抱っこなんて、という年齢になっていても、心の中ではどこかに抱っこして欲しい気持ちが残っています。こういう場合のほうが、かえって独り立ちが遅いのです。

また一方、子供に「もう抱っこはいらない」と言われたとき、親のほうが子供に去られたような気になってさびしくなり、もう少し抱っこを続けたいと思うことがあります。この気持も理解できますが、しかし子供を抱え込んではいけません。

これは親自身が子供の時に十分抱っこしてもらえなかった人が親になった場合に多いのですが、その満たされなかった気持を子供に求めている、言い換えれば子供を抱っこしているのに、実際は子供に抱っこしてもらっているという心理状態だということであり、それは密室密着育児で発生する心理状態と同類だからです。もしそのような過去があって、そのためにいつまでも子供を抱っこし続けると、子供に悪い世代間伝達を行うことになります。

63 アタッチメントの形成を阻むもの

私たちは子供の心にアタッチメントが形成されていく時期に、それを阻害する事態が起こらないように、細心の注意を払わなくてはなりません。

その事態とは子供の心を不安にするような状況の発生です。特に子供が言葉で自分の意思や感情を親に伝えることがまだできない三歳未満の時期に、子供をひどく不安な気持にするようなことが起こると、それはその子供の心に傷を残し、その後の人生に大きな影響を及ぼします。

子供の心を不安な状態にさせるようなことと言っても、それは数限りなくあるし、また同じような事態が発生しても家庭の事情やその子供の感受性の違いがあるので、子供が受ける影響の程度にも違いが出てきます（48項参照）。

しかしどんな子供の場合でも、どんな家庭であっても、これだけは高い確率で子供の心に傷を残すという状況があります。それは母と子に離別が起こったときです。理由は母の愛が途絶え、アタッチメント形成不全が発生するからです。母と子の離別とはどんな事態かというと、

一、母が死亡した場合
二、病気やその他の理由で母と子が長い間別れて暮らさなければならなくなった場合
三、母が失踪した場合

この三つの場合には母子の離別が起こり、母の愛が途絶えます。その事態を「母性的養育の喪失」と言います。

子供の精神的環境が破壊されることによって心の発育が阻害されるものの中で、母性的養育の喪失が最も重大な事態です。言い換えれば、子供が発育していく上で、このことさえ起こらなければ子供の心の発育に大きな間違いは起こらない、と言っても過言ではないのです。

母性的養育を喪失した子供は、身体的にも、知能的にも、社会的にも、非常に高い確率で発育が遅れます。また健康の上からいっても、精神・身体の両面で不健康な症状を示します。そして子供がこの時に受けた心の傷は永久に残り、その回復は極めて困難であることが明らかになっています。

64　母性的養育喪失の結果

精神科医のW・ゴールドファーブは、生後三年間を施設で過ごした幼児と、施設に入ったことのない幼児とを比較して次のように言っています（一九四九）。

「施設児は攻撃的、逆上的、無統制的行動を反復する。正常な型の不安感や自己抑制は発達しない。同一視の機能は限定され、人間関係は浅くて破れやすい」「(中略) 幼児期の愛情の喪失によって生じる人格障害は、後年の社会生活および家庭生活経験によって、簡単には治らないものであることを強調しなければならない。青年期になってもその基調は変らない。もし変る部分があるとすれば、それはますます変化しがたくなるという点である」

また施設生活ばかりではなく、保護者の目まぐるしい交替によって発生した「母性的養育の喪失」の事例を解明した結果、L・ベンダーは次のように結論を出しています(一九四七)。(傍点筆者)

「愛する力も、罪悪感も、良心もない。無意識的空想力は浅く、直接的衝動や経験にたよった反応しかできない。自我の認知や人格の同一視を試みるが失敗に終りやすい。治療や教育では彼らの人間関係のまずさを改善することはできない。概念の把握、特に時間観念の理解が困難である。そのために過去の経験を思い出して、それを未来において有効に生かすことができない。時間概念の不足は人格構造の欠陥を示す特色の一つである…」

母子分離が要因となって形成される性格と行動形態を、J・ボウルビィは以下のように要約しています(一九六五)。

・浅い人間関係
・生活感情の不足（人間関係において無能）
・気むずかしさ（協力者に不快感を与える）
・正常な事態に対する情緒的反応の不足（物事に対する無関心）
・うそ及び弁解（無意味なことが多い）
・盗癖
・学校における、注意力の不足

そして、次のように警告しています。「子どもたちの無感動的反応や、すべての人に対する表面的愛らしさについて一言注意しておこう。（中略）これらの子どもたちは普通は穏やかで従順で、取扱いやすく、行儀も良いし、身体も健康そうだからである。時には幸福そうに見える子どもすらある。従って彼らがそのまま施設におれば一応問題はないようであるが、施設を離れると混乱状態を示し、今までの調和が表面的なものであって、健全な人格発達の結果ではなかったことが明らかになる。（中略）また、子どもが完全に母親を忘れた場合には問題はないと考える人がある。しかし実際には子どもは母親を忘れるものではない。悲しい時に母親を求めて泣き叫ぶのをみても、母親に対する子どもの感情がいかに根深いものであるかが理解できるであろう。もし子どもが母親を完全に忘れるようなことがあれば、それこそ重大な問題である。なぜならば子どもの将来の精神衛生は、母親との対人関係の基礎の上に築かれるものだからである」

65　母子の離別が非行の最大原因

前項で母子の離別が発生して母性的養育を喪失することは、子供の心の発育を甚《はなは》だしく阻害するという研究結果を紹介しましたが、ここでJ・ボウルビィが盗癖児の生活史について調べた結果を要約して紹介しましょう（『乳幼児の精神衛生』一九六五）。

ボウルビィは、ある一定の期間に児童相談所が取り扱った問題児を、盗癖のある者とない者に分けて、盗癖のある子供の中から四四人、同年齢で情緒的には問題を持つが盗癖のない子供を四四人選び出し、この二つのグループについてその生活史を比較したのです。その結果、次のようなことがわかりました。

一、盗癖のある子供の中には、無感動的（愛情欠損的）性格と言わなければならない子供が一四人いたが、盗癖のない子供の中には一人もいなかった。

二、盗癖のある子供の中には、五歳になるまでの間に母親、あるいは里親との完全な離別か、または六ヶ月以上の長期の離別を経験した者が一七人いたが、盗癖のない子供の中には二名しかいなかった。

三、無感動的性格の子供の非行は、そうでない子供の非行に比べて悪質であった。

以上の結果からボウルビィは、「無感動的盗癖児と離別の体験には密接な関係が認められる。これを悪質遺伝の結果と考えている者もあるが、氏よりも育ちが無感動的盗癖児の病因であることは疑う余地がない」「生後五年間に発生した母親（あるいは母親代理者）との長期的離別は非行的性格形成の最大原因である」と断言しています。さらに、子供が「将来良い親となることが社会生活の重要な課題であることを考えると、これは実に重大な問題である。（中略）愛情喪失児は将来良い親となる能力を欠いている。逆のいい方をすれば、良い親としての能力が欠けた成人には、幼児期に愛情を喪失した者が多い。この悪循環は非常に重大である」と結論を出しています。

この四四名の盗癖児の中には、一歳六ヶ月の時に病気になって入院し、その後九ヶ月間両親との面会を禁止された子供が含まれています。この事実は、私たち小児科医に対しても重大な警告を発しています。すなわち病気になった子供を入院させて治療する時、その子供を母親から離すと深刻な結果を招く恐れがあるということです。読者の皆さんも、もし自分の子供が入院しなければならない病気になったら、子供が六歳になっていない時は、母親も一緒に入院するつもりにならなければいけないということを忘れないでください。母親から離されて、一人で入院させられた子供に現れる典型的な障害についての研究はたくさんあります。

一方、子供を施設に預けなくても、両親の養育態度が不良であったり、養育に無関心であったりすると、それは子供を放任したことになり、結局は養育に空白部分を作り出したことになって、母性的養育の喪失につながります。そうしてアタッチメントの好ましくないパターンが形成されるのです。

66 アタッチメント形成不全と世代間伝達

生まれてきたとき赤ちゃんには、この世で体験するであろうあらゆる事態に対して、すべてに反応できるように、「刺激の取り入れ口」が無数に用意されています。

ところがこの取り入れ口も使わなければ役に立たなくなるのです。たとえば母性的養育を喪失した子供は、愛という刺激を取り入れるその取り入れ口をほとんど使ったことのないまま成長するので、「愛の取り入れ口」は非活動性萎縮（使わないところは萎縮する）を起こしてしまい、作動しなくなります。その結果アタッチメントが正常なかたちでは形成されず、子供は後になって人から愛を与えられても、それが「愛」だということが認識できないので、その愛に対してどうやって対応していいのかわかりません。その子供は将来友情とか恋愛という、愛で結ばれた人間関係を築くことが困難な人になるのです。

子供と親との間に形成されたアタッチメント（愛着行動）は、良いパターンであれ悪いパターンであれ、それと同じ形態で次の世代に伝達されます。これを「世代間伝達」と言います。すなわち親は自分がされたやり方で子育てをするということです。これは一見、遺伝のように見えますが、そうではありません。

以下に「愛着行動」が正常な経過で形成されない、つまりアタッチメント形成不全を発生させる要因について述べます（J・ボウルビィ『母と子のアタッチメント　心の安全基地』より要約。説明は筆者）。

一、両親、またはどちらか一方の親が、子供が愛着を求めているのに反応せず、積極的に子供をけなしたり、拒否したりすること

――子供が父親や母親の膝《ひざ》や裾《すそ》にまとわりつこうとした時にそれを振り払ったり、少し離れた所から微笑《ほほえみ》や呼び声で愛着の発信を行っている時にそれに応答せず、視線を合わせなかったり、聞こえないふりをするなどの仕打ちを、日常的、継続的に行うこと。最近では親がテレビやゲーム、あるいはメールなどに夢中になっていて、子供を

無視している場合がそれです。

二、病院とか施設などに入れることによって、しばしば子育てが途切れること

――特に説明はいらないと思いますが、母子分離が頻回《ひんかい》に発生する場合。

三、子供を支配する手段として、「もう愛さない（もう可愛がってやらない）」と言って脅すこと

――子供が困ったり、悲しんだり、怯《おび》えたりしている時、「やさしくしてやらない」とか「助けたり、励ましたりするのを止める」などと言うこと。あるいは、まだ判断力のない子供に対して、「そんなことは自分で考えなさい」などと突き放すこと（49項参照）。これはふつうの親でも躾の一環として正しいことだと思って行うことがあるので要注意です。こういうことをされると子供は、いつも人に気に入られようと行動したり、常に罪悪感を持ち続ける可能性があります。

四、子供を「見捨てる」と言って脅かすこと

――これは、「もう愛さない」という脅しより、さらに脅威的。母親が「もうお前のことなんか知らない」と言って数時間姿を消すとか、子供の衣類やおもちゃを荷造りして「警察にお前を置いてくる」などと言うこと。あるいは「山の向こうにゾンビの穴というのがあって、そこには親の言うことを聞かない子供を喰って生きている宇宙

人が住んでいる。そこへお前をやってしまうぞ」。またはこれに類する脅しをかけること。こういう脅しを日常的に行っていると、そのうちに「さて、ゾンビだな」とだけ言えばいいようになります。子供のこれらによる恐怖は、分離不安の大きな原因となります。これらも前項と同様、正しい躾の手段だと思い込んでやっている場合が見られますが、これも絶対にやってはいけません。

五、「自殺する」と脅かすこと。これは親同士の喧嘩の最中に言ったのが子供に聞かれた場合と、子供に直接言った場合とがあるが、その両方

――夫婦喧嘩で相手に向かって「死んでやる」という場合も同様です。これはふつうの家庭で日常的に起こることではないでしょうが、子供にとっては「お前を見捨てる」と言われたのと同じです。

六、親の病気、または親の死が「お前のせいで起こった」、または「起こるだろう」と言って子供に罪悪感を持たせること

――親のどちらかが重い病気で入退院をくり返しているような場合、「お前がいい子にしていないから、お母さんの病気がまた悪くなった」。あるいは「言うことを聞かないと、お母さんの病気がまた悪くなって死んでしまうぞ」などと言うこと。この場合も罪悪感を持った子供に成長します。

七、親が何か法に触れるような行為を行ったのを子供が目撃した場合に、「お前はあれを見なかったのだ、夢を見ていたのだ」と言って強迫すること（近親姦の場合が最も多い）

――このような子供は、自分が知っていることに対して両親がどのように感じているかをちゃんとわかっており、自分が見た光景について、それに気付いていないふりをします。そうやって両親の願望に添うようにふるまいます。これは結局、親に拒否されたのと同様の結果をもたらし、認知障害の源泉となります。

以上のどれかの状況は世代間伝達が起こりやすく、さらにこのような経験は成人してから認知障害や、抑うつ状態などの発生原因になる場合が多く、その上自分の子供に対する乳幼児虐待などにつながります。

もうお気づきでしょうが、「母性的養育の喪失」や「アタッチメント形成不全」が少年犯罪の中で犯行動機の遠因になっていると考えられる事例は、非常に多いのです。

67 愛着対象の喪失

これまで正常なアタッチメントが成立しない状況について述べてきました。いろいろな場合があるけれども最も重大なものは母子の離別、すなわち母性的養育の喪失である、ということでしたね。母子分離（愛着対象の喪失）が起こったときの子供の心理についてては多くの研究や論文があるのですが、現在あまり一般には解説されていません。というより他意によって秘匿されている感があります。以下にそれについて、心理学者 J・ピアスの言葉（一九七七）と、J・ボウルビィの論文（一九六五）の一部をご紹介しましょう。

「子供にとって、母親との〈きずな〉は、成長において不可欠な条件である。しかし不幸にも母親と子供が引き離されると、深刻な問題が生じる。まず、そのような子供は、見捨てられたと感じ、絶望的な孤独感にさいなまれ、この世界を危険で非情な場所として体験する。子供の最初の世界体験は否定的なものになる。そして、そのような子供は、母親の代理となるものを捜し求めることに全エネルギーを注ぎ込む。最初はベビー毛布が母親代りとなり、それ以降も物質的な満足に執着するようになる。しかし、いずれにせよ、それらが完全に母親代りになることはないので、欲求不満は残り、さらに悪いことに、母親を求めることのみにエネルギーが費やされるので、成長の妨げとなる」

（J・ピアス）

「それまで母親と離ればなれになったことのない生後一五〜三〇ヶ月の子供に母子分離が発生した場合、子供は定型的な共通した行動を示す。それらは次の三段階に分けられる。

一、抗議期 phase of protest——まず最初に、子供は泣き叫びと怒りをもって母親が戻って来ることを要求する。そして、母親はきっと戻って来るという希望を持っていて、それは数日間続く。その後子供はずっと静かになるが、実際には以前と同様、いなくなった母親に心を奪われたままであり、まだ母親が戻って来ることを望み、あこがれている。しかしこの希望も次第に失われ、次の段階に入っていく。

二、絶望期 phase of despair——抗議期と絶望期の二つの段階は、しばしば希望から絶望へ、絶望から希望へと交互に入れ替わる。しかし、やがてもっと大きな変化が生じる。

三、離脱期 phase of detachment——子供は母親を忘れたかのごとくになり、母親と再会しても奇妙なほど無関心のままであり、母親を認識すらしないように見える。

この三つの段階のいずれにおいても、子供は癇癪《かんしゃく》や破壊的行動を起こしやすく、それもしばしば周囲の人が不安を感ずるほど激しくやる。

また、母親と子供が六ヶ月以上離れたままであったり、母子分離がくり返されたりして、子供が離脱期の進んだ段階に達してしまった場合には、子供は永久に離脱状態のままにとどまり、両親への愛着が回復しない危険性もある」

（J・ボウルビィ）

68　体罰の是非

私の長男が中学生のころ、妹たちに向かってよく言っていた面白い言葉があります。

——「お前らはいいな。おやじもやさしくなったから。オレだったらもう今ごろぶっ飛ばされていたわ」。これは三人の妹たちの誰かが、私が怒りそうな、あるいは叱られそうなことをやったときに言ったものです。この言葉が面白いというのは、私たち親も、実は子供と一緒に親として成長しているということを如実に示しているからです。

体罰をすべきかどうか。私はどちらでもいいと思います。要するに「やる」か「やらない」かです。「やらない」と決めたのなら、やらないこと。「やってもいい」と思っている場合にはそこに一貫性が必要です。つまり「やる」場合、同じ程度の悪さをしたにもかかわらず、ある時は簡単に許され、ある時はひどく叱られるというようなデタラメなことをしないこと。

また、どちらか一方の親が子供を叩いたとき、もう一方の親が〝ちょっとやり過ぎだ〟

と思っても、その場はじっとこらえていること。うっかり、「そんなにまでしなくてもいいでしょう」と言ってしまったり、さらにはそのことが原因になって、「お前の育て方が悪いんだ」などと子供の前で口論になったりすると、その体罰はなんの効果もないどころか、かえって悪い結果をもたらします。子供の目の前で、今やった体罰について両親がやり合うのはいけません。それは子供にとって、自分に対する教育方針と責任の所在が一貫していないことを見せつけられることであり、子供から見ると両親が頼りなく見えるのです。

しかし、〝しまった、やり過ぎた〟と思うような時も実際にはあるものです。そのような時、「ごめんね、よしよし」と、今やった体罰に親が反省した態度をすぐに示してはいけません。これをやると、その体罰自体が無意味なことになってしまい、子供は「悪くなかったのに親が間違ってやった」と思い、最悪の結果となります。親としてはつらいかも知れませんが〝当然だ〟という顔をしていることが肝心です。

ここで、体罰について確認しておかなければならないことがあります。それは体罰によって物事を教える、あるいは悪い行為を中止させることができるのは子供に対する愛情に自信のある場合、すなわち「愛の強制力」を行使できる親に限る、ということです（15項参照）。愛の希薄な親子関係での体罰は虐待と同じことになります。たとえば次にあげるような経過をとっている場合です。
一、親子の関係が友達のようになっている場合
二、子供の要求をとめどなく容認する育て方をしている場合
三、66項で述べた、アタッチメント形成不全を発生させる七項目のどれかをやっている場合

このような親子関係で体罰を行うと、それは単なる家庭内暴力でしかなく、躾にも教育にもなりません。

体罰が行われるのは赤ちゃんの離乳がほぼ終了し、一日三度の食事の練習を始める九ヶ月以降からが一般的です。それ以前からでもいけないわけではないのですが、九ヶ月が目安というのは「食事の始まりは躾の始まり」なので、赤ちゃんの精神的発育が間に合っていないとうまくいかないからです。この時期、赤ちゃんのわがままでテーブルを引っかきまわしたりした時に、その手をバチンと一発やらなくてはなりません。ほとんどの親は、これが最初の体罰です。

体罰はせいぜい三歳ぐらいまでと言われていますが、もっと後になってもやらなければならない時もあるでしょう。もちろん言ってわかるのなら体罰はいらないのですから、できるだけ早く体罰はやらないで済むようにするのが基本です。とは言え、子供に対し

て体罰を加えている時、親は決して冷静な気持でやっているのではないというのも事実です。つまり親はカッとなってやっているのです。私はそれでいいと思います。よく、「体罰を加える時は冷静な気持ちになって、なぜこの子に体罰を加えなければならないかを親が納得し、叩く時は頭や顔を避けてお尻を叩くべきだ」などという言葉を聞きます。理屈を並べればそのとおりかもしれません。しかし、私がその叩かれるほうの子供だったら、そんな薄気味の悪い親はご免こうむりたい。

子供を育てていく時、もちろんそこには理性がなければなりません。しかし育児の原動力となっているものは愛情です。決して理屈で子供を育てているのではないのです。子供が何か悪いことをした時、親の平手打ちが飛ぶのは、今、その子供のしたことが親の人生観や生き方から大きく外れていて、とても黙って見逃すわけにはいかないので、親はクドクド説明するのももどかしく、カッとなってひっぱたくのです。

これは親が一人の人間として瞬間的に価値判断をした結果です。親のまなじりはつり上がっているし、いつもやさしく抱っこしてくれるお父さんやお母さんの顔は、この時ばかりはひきつっています。子供は叩かれた痛みより、親のこの時のただ事ではない顔を見て、〝これは容易ならぬことになった〟と思い、〝お父さんやお母さんのこんな恐ろしい顔を見るようなことにはなりたくない、もう二度と今回のようなことはするまい〟

と思うでしょう。

　さらに、毎日一所懸命に働いて自分たちをやさしく育《はぐく》んでくれているお父さんやお母さんは、何を大切にして生きているのかということが、おぼろげにでもその子なりにわかるでしょう。これでこそ体罰の効果があるのです。それを冷ややかに「この子のために、この子は今、叩かれなければならないのだ」などと、まるで昆虫のような無表情な顔をして叩かれたら、叩かれたほうの立つ瀬がないではありませんか。母子関係の理論を大成させたJ・ボウルビィも同様のことを言っており、彼も体罰に不賛成ではありません（ボウルビィ『母子関係入門』）。

69　病識と予防注射

　子供は三歳を過ぎると、病気の時「自分が今苦しいのは病気になったからだ」と理解できるようになります。これを「病識《びょうしき》がある」と表現します。自分が病気だということを本人が知っている、という意味です。喘息の発作の時などは〝苦しいのは病気のせいで、点滴すると楽になる。だから針を刺されて痛くても我慢しよう〟と考え、「点滴をしてほしい」と本人が言うことさえあります。

このような病識のある子供を予防注射で病院に連れて行く時は、病気にならないための注射を受けに行くのだと、しっかり言い聞かせなければなりません。本人は注射などされるはずはないと思っているからです。

ところが、このことを言えない母親が非常に多いのです。子供に遠慮し、泣かれたり嫌がられたりするのが怖いからです。ここで、何も知らず病院に来て予防注射をされてしまうまでの、子供の心の動きを見てみましょう。

ボクは病気でもないのに、病院に連れて来られた。お母さんは、当然だという顔をしてボクの手を引いて診察室に入った。看護師さんが、やおら注射器を持ってきて「さあ腕をまくって…」だと。〝これは一体なに、ボクは病気じゃないのに。お母さん助けて…〟と、泣きながらお母さんを見ると「静かにしなさいっ」。助けるどころか、ボクを押さえつけた。その瞬間、ブスッ…。「だましたなっ、みんなグルなんだ」

このように子供の信頼を裏切ると、今度はその子が本当に病気になったときの治療に支障をきたすことが多いのです。子供にとっては当然ながら、それ以降に病院でされたり言われたりすることは、どれもこれも信用できなくて、診察時には泣き叫んで暴れるし、家では薬を拒絶するしで、手に負えなくなることもあるのです。

その上こういう事態は、母親の信用も落としてしまいます。信じていたお母さんが、医者とグルになってボクをだましたと思うからです。こうなると、病気や薬に関係のない日常の躾にも悪影響を及ぼし、育児を難しいものにしてしまいます。

病識のある子供を予防注射に連れて行くときは、子供がその意味を理解し納得しているることが望ましいのですが、納得できないとしても、要は、注射をすることを親が子供にあらかじめきちんと伝えられるかどうかです。

子供は完全には理解できなくても、母親の言動やその場の雰囲気から多くのことを感じ取るものです。「この子はまだ小さいし、予防注射をすると言っても分からないだろう」と決めつけてはいけません。まして、暴れたりむずかったりされることを恐れて、何も言わずだまし討ちのように注射するのは、言語道断です。

親としての威厳を持って、きちんと子供に言い聞かせてから予防注射に連れて行きましょう。たとえ家から病院まで、延々と泣かれ続けたとしても、です。〝だまされた〟と子供に思わせないことが親子の信頼関係を強固にするのです。

第六章

赤ちゃんの「衣」「食」「住」

70 育児のための衣服の条件

赤ちゃんが生まれると最初に与えられるものは衣服です。それにしても衣、食、住というこの順番はとても面白いと思いませんか。食衣住でも、住食衣でも、衣住食でもだめなのです。

赤ちゃんが生まれて第一番に必要なものは衣であり、次が食つまりお乳、住は最後でいいのです。このことは私たち大人にも当てはまるので、さらに興味深いものがあります。

ここで思い出されるのが「衣食足りて礼節を知る」という言葉です。その意味は、民の生活が安定すれば道徳心が高まって礼儀を知るようになる、というものですが、今の日本には必ずしも当てはまらないようです。

しかも日本のこの状況は面白いことに、人が礼節を知るための基礎となるものはインプリンティング（39項参照）とアタッチメント（42項参照）であって、衣食と礼節とは無関係であることを証明しているのです。

さて、赤ちゃんの衣服を選ぶに当たって私たちが念頭に置かなくてはならないこと、それはそんなに難しいことではありません。私たちが赤ちゃんになったつもりで考えればいいのです。大人にとって気持のいい衣服は、赤ちゃんにとっても気持がいいし、大人が気持悪いものは赤ちゃんにとっても気持が悪いのです。

大切なことは、赤ちゃんから子供まで、衣服については機能の良さにだけ重点を置くことです。色や柄にとらわれてはいけません。色や柄がどんなに気に入っても、子供にとって不便な衣服を着せてはいけません。言うまでもなく、子供にとって不便な衣服は、子供の正常な発育を妨げ、ときには事故や病気の原因になるからです。

寒くないこと、暑くないこと

衣服とは、もともと寒くないために着るものなのですが、最近、薄着に過ぎる場合がわりと多くみられます。お乳はよく飲むのだけれど眠らない、泣いてばかりいる、という時は薄着のために寒がっている場合があるので、もう一枚着せてみる、あるいは掛けている毛布を厚いものに換えるなどして様子を見るようにしてください。

そして肌着ですが、肌着はどんなのがいいかというと、

・汗をよく吸収すること

・ある程度、伸びちぢみすること

・着たり脱いだりするときパリパリと静電気が起きないこと

・通気性がいいこと

この四点が大切です。やはり木綿で作ってあるものが一番です。

なお、新品の肌着は赤ちゃんに着せる前に必ず一回洗濯をしてから使うこと。理由はほんの少し付着している機械油でかぶれることがあるからです。

手足を自由に動かせる衣服

赤ちゃんは目を覚ましているときはもちろんのこと、眠っているときでも盛んに身体を動かしています。一歳を過ぎると寝返りを何回もやるので、とうとう布団の外へ出てしまい、ときには「どこへ行ってしまったんだろう」と探さなければならないことさえあります。こういう子供は身体が丈夫な証拠です。

赤ちゃんは裸にされると、とても喜んで手足をバタバタさせます。これは衣服を脱がされたことによって身体が自由になったからです。したがって赤ちゃんは衣服を着ている時でも、裸の時と同じように手足を自由に動かせるようにしてやらなくてはなりません。もちろん夜寝ている時も同じです。

眠っている赤ちゃんを見たことのある人ならば誰でも知っていることですが、赤ちゃんが眠っている時の姿勢はバンザイをしたように両腕を上げ、掛け布団の外に両手を出しています。脚は、お相撲さんが四股《しこ》を踏んで身体を沈みこませた時のように股を開いた格好になっています。このような手足の位置が赤ちゃんの自然な肢位なので、赤ちゃんが歩き始めるまでは、この体位が自由にとれるような衣服を着せることが大切です。細い袋のような衣服は赤ちゃんの股がよく開かないのでいけません。

このことは、私たちがホテルのあの封筒のようなシングルベッドで寝るときや、寝袋（スリーピングバッグ）で寝るときの、あのきゅうくつなのを思い浮かべると、すぐ理解できるでしょう。

さらに大きくなってからでも、子供は寝相が悪くて当たり前なので、布団の外へ飛び出しても腹が出て冷えたりしないようにする工夫が必要です。

これにともなうこととして、布団の硬さの問題があります。赤ちゃんの敷き布団は身体が沈み込むような、やわらかいものはいけません。やわらか過ぎると、

・寝返りがしづらいので眠っている間の運動ができない。
・何かのはずみでうつぶせになった時、寝返りができないと窒息する恐れがある。
・あお向けに寝ている時身体が沈み込むと、その結果として膝が前へ出るので股関節脱臼の発生を助長する。

以上の点から、やわらかすぎる敷き布団はよくないのです。大人ならば背中が痛くて眠れないという程度の硬さがいいのです。

71　赤ちゃんは事故の危険に常にさらされている

これまで赤ちゃんの衣服の条件を述べてきましたが、それらは大人の場合にも通用する、いわば常識的な事柄でした。ここで赤ちゃんに起こるいろいろな事故のうち、特に重要な「ヤケド」と衣服の関係について述べます。

赤ちゃんは這うようになるまでは自分の身体を移動させることができないので、危険が迫っていても自力でそれから遠ざかることはできません。這うことができるようになり、さらに歩けるようになると、今度は自分の興味のあるところへは、途中に何があろうとまっしぐらに行こうとします。

いずれにしても、赤ちゃんは事故の危険に常にさらされています。私たちはこんな赤ちゃんを事故から守ってやらなくてはならない義務を負っているのです（法律の上でも）。

カゼをひかせるのは親の責任だなどと言う人が医者の中にまでいますが、これは無茶な話です。人工衛星に乗って宇宙で生活するか、カプセルに入って外界からまったく隔絶された生活でもしないかぎり、この地上で「カゼをひかせるな」とは「息もするな、メシも喰うな」と言うのに等しいことなので、こんなことまで親の責任だと思う必要はありません。

しかし一方、いかに親のほうに味方して考えても親の責任だと言わざるを得ない事故も少しはあります。その代表的なものがヤケド（熱傷）です。私たちは日常、ヤケドには特に気を付けていなければなりません。しかし不運にもヤケドをさせてしまったら、次のようにしてください。

一、素早く着ているものを脱がせること。

二、それができないときは、できるだけ早く多量の水をかけること。（ただし塩酸や灯油など、薬品を浴びたときは水をかけてもだめ。脱がせるしかない）

三、火やお湯にしろ、薬品による場合にしろ、ヤケドの程度がひどくて服を脱がせたら水ぶくれの皮が一緒にはがれるようなときは、着ている物をハサミで切って、できるだけ水ぶくれを壊さないようにして子どもの肌から着ている物を取り去ること。

四、以上の処置をやったら、ただちに皮膚科か、形成外科か、外科の病院へ連れて行くこと。もちろん、かかりつけの小児科でもいい。

赤ちゃんの衣服を買うときは、ヤケドのことを常に思い浮かべ、とっさの場合に素早く脱がせることができるかどうかをまず考えることです。

色や柄がどんなに気に入っても、デザインがいかに素晴らしくても、脱がせるのに手間取る衣服は絶対に着せてはいけません。これが赤ちゃんの衣服を選ぶときの最優先の条件です。また浴衣などはすぐには燃えないものであることを必ず確認してから買うこと（花火が化学繊維の浴衣に燃え移った例があります）。

72　赤ちゃんだってオムツは嫌い

オムツは衣服ではないのですがここでオムツについて述べます。

オムツ、あんな物、私たちなら一分一秒も着けてはいたくないでしょう。そのとおり。赤ちゃんもそう思っているのです。オムツはまったく親の一方的な都合で当てているものです。私たちは、赤ちゃんにお願いをしてオムツを当ててもらっているのだということを忘れてはいけません。だからオムツはちょっとでも濡れたら、すぐ取り替えなければならないのです。そのようにしていると、赤ちゃんも濡れたオムツの気持の悪さを早く覚え、結果としてウンチやオシッコを早く知らせるようになります。

特に赤ちゃんが下痢をしている時はよく注意して、下痢便が出たらすぐ取り替えてやることが必要です。この場合は、単にオムツが濡れて気持ちが悪いからというばかりでなく、その下痢便のせいでお尻がタダレがちになるからです。さらにそのタダレはオムツカブレの原因にもなります。

下痢をしている時は、赤ちゃんのお尻をタダレさせないように、汚れたオムツを取ってお尻をきれいにぬぐった後、洗面器かタライなどにお湯をとってお尻をつけてきれいにゆすいでから次のオムツを当てるのがコツです。こうしないと下痢便をお尻から完全に取り去ることはできません。単に濡《ぬ》れたタオルで拭《ふ》くだけでは、やらないよりはましですが、ほとんど効果は期待できません。下痢便が出たらそのつど必ずお尻を洗わなくてはいけません。もし仮に少しタダレかかっても、便の出るたびに洗っていればすぐなおります。

オムツカブレはタダレがもとで起きるのが普通なので、タダレを起こさせないようにすればカブレも起きません。それでもオムツカブレを起こしたら、ばい菌がついたか、菌類（ほとんどの場合カンジダ）がついたかのどちらかなので、皮膚科か小児科へ行きましょう。素人判断で間違った薬を塗ると悪化させることがあります。

また、タダレの場合もカブレの場合も、ベビー用のパウダーは無用です。タダレやカブレのときは状態を悪化させるし、赤ちゃんが健康なときでもパウダーのついた身体が汗やオシッコでぬれると、パウダーは汗やオシッコを吸収して小さなかたまりになるか粘土状になります。そうすると結果的に赤ちゃんは汗やオシッコのエキスを身につけていることになるのです。

その上ベビー用のパウダーにはさらに心配なことがあります。それは母親が赤ちゃんのオムツを取り替えるときなど、パウダーの入れ物にふたをするのをうっかり忘れて赤ちゃんの頭や手のそばに置いたとき、赤ちゃんが手をばたばたさせてその入れ物をひっくり返し、パウダーが赤ちゃんの顔に多量にふりかかることがあります。このとき赤ちゃんがパウダーを吸い込んで、それが気管や肺に入ることがよくあるのです。これをやったら大変です。この気道異物は死亡率が非常に高いのです（103項参照）。

オムツのあて方

日本人が昔からやっていたことの中にもやはり間違っていたものもあります。そういうことの一つにオムツのあて方があります。とくに女の赤ちゃんには脚がすらりと真っすぐな女性になってほしいと願うあまり、腰から下を昆布巻きのようにグルグル巻きにする「巻きオムツ」をやる風習がありますが、あれはいけません。

このようにすると、赤ちゃんの両足は「気をつけ」をしたように固定されてしまうので、自然な体位を妨げて自由な運動ができなくなってしまうばかりか、大腿骨骨頭を外側へ出す方向に力が働き、股関節脱臼の原因になるのです。また、紙オムツも同様の肢位になりやすいので、要注意です。

オムツは股の間にだけ当て、常に股が開いた形になるようにすること。こうすれば股関節脱臼の予防になるのです。腰の両側からしめつけて、両足が真っすぐに伸びた形にならないように注意しましょう。

このことに関連して、お母さんが座っている時に赤ちゃんを抱っこする場合は必ずお母さんの膝をまたぐように、赤ちゃんの股が開いた形で抱くのがいいのです。同様にオンブするときも赤ちゃんの両脚はそろえないで、赤ちゃんの膝がお母さんの脇腹へくるような形で背負うのがいいのです。

73　オンブはまさに合理的

ここでオンブの利点を述べておきます。赤ちゃんと共に移動するにはいろいろな方法があります。抱いて歩くのもいいのですが、これは長時間はできません。乳母車という方法もありますが、電車やバスには持ち込みづらく、坂道や階段のあるところは都合が悪いし、雨や風の時も困ります。

長時間の移動に耐え、天候や道路の状態がどんなでもよく、しかも母親と子供にいい影響を与えるのはオンブです。オンブには次のような優れた利点があります。

一、赤ちゃんの股が開いた形で固定できる。

二、母親の両手が使えるので、母親が何かにつまづいた時でも赤ちゃんは安泰。（前抱きで母親がつまづいて転倒、赤ちゃんが母親の下敷きになり、私の病院の救急外来を受診した人がいます。検査の結果、赤ちゃんの頭蓋骨が骨折していました。前抱きは百害あって一利なしです。抱っこひもという装具も売っていますが、前抱き移動は絶対にやらないように）

三、危険に遭遇した時、母親は走ることができるので非常事態から素早く遠ざかることができる。

四、赤ちゃんの体温や汗ばんだ状態を母親が背中で感ずるので、赤ちゃんの健康状態がわかる。

五、母親の身体のぬくもり、声のひびきが赤ちゃんに直接つたわるので、スキンシップの点でよい。

六、赤ちゃんは常に母親と同じ方向を向いているので、母親が今、何を考え、何をしようとしているのか赤ちゃんにわかり、母子の一体感が強くなる。

74　指なし手袋は頭を悪くする

私は信じていませんが進化論に従うと、私たちの祖先といわれているアウストラロピテクスは、およそ四百万年前、人類への道を歩み始めたそうです。この猿人の前足の五本の指のうち、親指とほかの四本の指とが向かい合うようになったことによって、前足は手となり道具を作ることができるようになったと言われています。

道具を使うようになったことが脳の発達をうながし、脳が発達したことがさらに指の動きを良くしていったと説明されています。このような極めて好都合な正のフィードバック（＝結果が原因を増長させること）が働いて、猿人は人類へと進化したとのことです。すなわち、手の平や指の先で感じ取ったいろいろな情報や経験が、脳の発達と人類の進化の原動力となったのだ、と言うのです。しかも人類学では、現代の人類である私たちも、まだ進化を続けている最中で、このへんでストップするのではなく、未来においてさらに高度な人類になる、その途中に私たちはいると言うのです。つまり手から脳へ、脳から手へ、という正のフィードバックは現代でも続いているというのです。そうすると生まれたばかりの赤ちゃんから成人した大人に至るまで、私たちはみんな、その人その人なりに人類の進化の途中にあるということになります。しかしこの推論は当《あ》てになるかどうかわかりません。なぜなら、それならば現代人は古代人よりすでに進化した存在だということになるし、しかもずっと見ていた人もいないのですから。

とは言え、以上のことは発育していく赤ちゃんに一応当てはまります。脳の発達の早い赤ちゃんは指を上手に使うようになるのが早いし、指を早くから使えば脳の発達が早くなるからです。

赤ちゃんは自分の手の平や指の先でいろいろな物、あるいは自分の身体のいろいろな部分に触れて、その触れた感触を覚えていきます。このことが、赤ちゃんの脳が発達していく上で極めて重要な役割を演じています。

しかしこれは進化論に拠《よ》らなくても事実として存在していることです。すなわち指から脳へ、脳から指へという刺激の循環は何も正のフィードバックなどを持ち出すまでもなく、もともと赤ちゃんに内在しているシステムが最初の刺激によって解発される（スイッチ・オン）のであって、進歩するのではありません。赤ちゃんがいちいちゼロから進歩・進化するのでは、そのゆく末は知れたものになってしまうではありませんか。

さて、現実に戻りましょう。「赤ちゃんが顔をひっかくから」と言って赤ちゃんに指なし手袋をはめる人がいますが、そうされると赤ちゃんはまわりにあるいろいろな物や、自分自身の身体に直接触れることができなくなり、脳の発達にブレーキがかかってしまいます。だから赤ちゃんに指なし手袋をはめてはいけません。わざわざ言うまでもないことですが、赤ちゃんの指の爪は常にしっかり切っておくことです。

75　靴下は運動神経を鈍くする

ふだんの生活の中で私たちのまわりには、床に転がっている小さなオモチャなどをうっかり踏みそうになった時、足の裏の感じで一瞬にして踏むのを止めることのできる人と、そのままグッシャリと踏んでしまう人とがいます。瞬間的に踏むのを止めることのできる人は足の裏の敏感な運動神経の鋭い人。グッシャリの人はもちろん鈍い人です。この違いは持って生まれた素質にもよりますが、もう一つ重要なことは、子供の時から足の裏と爪先の感覚のトレーニングをどれぐらい受けてきたか、ということにも関係があります。

私たちは自分の足の裏と爪先からくる情報や経験によって、今立っている所は硬いのか軟らかいのか、乾いているのか濡れているのか、ザラザラなのかツルツルなのか、水平なのか斜面なのか、熱いのか冷たいのかなどを弁別します。そうしてこれらの情報や経験を記憶して、次に同じような所に立った時のために備えるのです。

このことは、地面や床の状態を目で見て推測したのとはまったく違うことなのです。またそれらを手で触れて感じたことともぜんぜん異なります。私たちの足の裏と爪先は、身体の他の部分では代りをすることのできない役目を持っています。

赤ちゃんが発育していく時、足の裏と爪先の役割がはっきりと出てくるのは、手が先に動かせるようになっているので、自分の身体には手とは違うものが二本ついていることがわかった時からです。あお向けに寝ている時、両手で自分の足をつかんで遊ぶようになったら、もうその赤ちゃんの足の仕事は始まっていると考えていいでしょう。立って歩くことができるようになれば、さらに多量の情報と経験を足の裏と爪先から得て、赤ちゃんはそれらを全部運動機能の発達に役立てていきます。

この発達の途中、足に靴下をはかされたらどうなるでしょう。まさに靴の底から足の裏をかくように、もどかしいことこの上ないでしょう。赤ちゃんに靴下をはかせるのは、自分の子どもの運動機能の発達をわざわざ遅らせることになるのです。赤ちゃんは可能なかぎり素足で育てましょう。

太ももから露出する必要はありませんが、くるぶしから先は出しておかなくてはいけません。私の経験では、素足で育てた赤ちゃんと、靴下をはかせて育てた赤ちゃんとの運動機能の発達の差、特に敏捷性《びんしょうせい》の差は明らかで、生後一〇ヶ月ぐらいでそれがはっきりと出ます。赤ちゃんにとって手の平と足の裏は、目や耳に匹敵する重要な感覚器官なのです。また、赤ちゃんが這い始めたら、できれば膝から下は出したほうがいいのです。膝の触覚の発達も大事です。

一般にお母さんたちは、カゼをひくといけないから靴下をはかせなくてはと思い込んでいるようですが、素足が原因となってカゼをひくことなどないし、カゼをひいている時でも素足が原因で悪化することはありません。

76 母乳育児を成功させるには

次に掲げるのは、ユニセフとＷＨＯ（世界保健機関）の共同声明として一九八九年に出された「母乳育児を成功させるための一〇ヶ条」です。

一、母乳育児の方針を全ての医療に関わっている人に、常に知らせること
二、全ての医療従事者に母乳育児をするために必要な知識と技術を教えること
三、全ての妊婦に母乳の良い点とその方法をよく知らせること
四、母親が分娩後、三〇分以内に母乳を飲ませられるように援助すること

五、母親に授乳の指導を十分にし、もし、赤ちゃんから離れることがあっても母乳の分泌を維持する方法を教えること
六、医学的な必要がないのに母乳以外のもの、水分、糖水、人工乳を与えないこと
七、母子同室にする。赤ちゃんと母親が一日中二四時間、一緒にいられるようにすること
八、赤ちゃんが欲しがるときに、欲しがるままの授乳を勧めること
九、母乳を飲んでいる赤ちゃんにゴムの乳首やおしゃぶりを与えないこと
十、母乳育児のための支援グループを作り援助し、退院する母親に、このようなグループを紹介すること

このとおり行っている病院（または施設）なのか、また分娩についてはルボワイエの言っている方法（34項参照）でやってもらえるのか、この二つを確認してから出産する所を決めるのが賢明でしょう。

「山内三・五カ条」

「母乳で育てよう」という言葉に反対を唱える人はおりません。しかし現実にはそうなっていない病院や施設が非常に多いのです。だから「共同声明」も結構ですが、それはそれとして母乳育児を成功させるためには母乳育児の第一人者であった、山内逸郎先

生の「山内三・五カ条」を実行することが何よりも大事です。

一、出産三〇分以内に初回授乳をさせること

二、出産二四時間以内に七回以上（初回授乳は含まず）飲ませること

三、出産直後からの母子同室、母子同床にすること

三・五、陣痛が起こったら乳管開通操作を始めて、乳管のつまりを取っておくこと

ユニセフとＷＨＯの共同声明でも第四項で掲げていますが、初回授乳がなぜ三〇分以内でなければならないかというと、この時間帯、母体は乳汁を製造する用意が完了しており、作動するためのスイッチが入る、すなわち「赤ちゃんが吸いつく」のを待っている状態にあります。この状態が最も敏感になっているのが「三〇分以内」であり、それ以降になると、時間がたつにつれて反応が鈍くなるのです。「乳の出ない母親」は、たいていこの時機を逸したか、または最初から人工栄養を与えたことが原因となっているのです。

77　母乳の上手な飲ませ方

よく出る母乳でも飲ませ方がまずいと出方が悪くなることもあるので、上手に母乳を

飲ませるやり方を知っておくのは大切なことです。

赤ちゃんが母親の乳頭に吸い着くと、それは乳房に「乳を出しなさい」というスイッチを入れたことになり、母親の身体はそれに呼応してお乳の製造を開始します（76項「山内三・五カ条」参照）。そして二日、三日とたつうちに、母親のほうも赤ちゃんのほうも、飲ませ、飲むことがだんだん上手になっていきます。以下に私が、桶谷そとみさんから教えていただいた方法を述べます。

母乳授乳は乳房の中にたまっている乳を飲ませるのではなく、乳房の奥からそのときに泉のように湧いて出てくる乳を飲ませるのですから、片方の乳房が空《から》になってから反対側を飲ませようとしてはいけません。そのようにすると両方の乳房を上手に飲ませることができなくなります。

次に、実際に授乳を開始する時の手順ですが、まず最初に両方の乳房の上のほうを軽くつまんで持ち上げ、乳房をゆすって振動を与え、五～六滴ぐらい乳をしぼって、それから乳頭をふくませます。こうすることで乳頭がやわらかくなり飲みやすくなるのです。お乳がとてもよく出る人の場合は、五～六滴ではなく三〇ccぐらいはしぼって捨ててもいいのです。いずれにしても必ず以上の操作をやってから、乳頭を赤ちゃんの口にふくませることが大事です。

また、どちらの乳房からやるかというと、出にくい、飲ませづらい乳房のほうから先に与えます。五分間ぐらい一気に飲ませたら、そのあと素早く抱きかえて、反対側の出やすい飲ませやすい乳房をふくませ、今度はゆっくりと七分から一〇分ぐらいかけて飲ませましょう。これで一段落です。

しかし、ときにはもう一度湧き出てくることがあります。このとき出にくいほうの乳房にも湧いてくるので、もう一度出にくいほうから飲ませます。そのあと、また同じように出やすいほうも飲ませるのです。こうしていると出にくかったほうの乳房も乳汁分泌が良くなって、両方の乳房とも授乳しやすくなっていきます。できるだけ、この二回目に湧いてくるお乳まで飲ませるようにするといいのです。

赤ちゃんのおなかがいっぱいになって授乳がすんだら、乳房の中に残っている飲み残しの乳はしぼって捨てること。飲み残しは絶対にためておかないように。

そのほか常に乳頭や乳輪部の形に注意して、変形していないかどうかを調べておくことも大切です。赤ちゃんの抱き方に注意して授乳することによって変形を防ぐことができるし、また変形が起こってきたときは、抱き方を変えることで変形をなおすことができます。以上が桶谷さんから伺った母乳の飲ませ方です。

母乳はいつごろまで与えたらいいかというと、日本人の伝統的な育児法としては、赤ちゃんがひとり歩きができるようになるまでですが、もっと後まで与えてもかまいません。

78　人工栄養とは

何らかの理由で母親の乳を飲ませることが不可能なときには、やむをえず、ほかの動物の乳を人乳の代わりに赤ちゃんに与えなければなりません。このことを人工栄養と言います。

缶詰になって市販されている粉ミルクは、牛の乳から水分を抜き去って粉状にしたものです。これに人間の子にとっては不足している成分を加えてあります。この粉に水を加えて飲める液体にする操作を調乳といい、調乳すると牛の乳でもなく人の乳でもない白い液体ができ上がります。

そもそも牛の乳は牛の仔《こ》を育てるために出てくるものです。したがって牛の乳には人間の子にとって不必要なものが含まれていたり、必要なものが不足だったりしています。足りない成分は全部人工的に補うことができるかというと、そうもいかないのです。その代表的なものは病気に対する抵抗力のある物質、すなわち免疫物質で、これはどうに

表1　いろいろな動物の乳のタンパク質とミネラルの含有量

	出生時の体重が２倍になるまでの日数	タンパク質の含有量（%）	ミネラルの含有量（%）
ヒ　ト	１２０	１．３	０．２０
ウ　シ	７４	２．５	０．７２
ウ　マ	６０	３．１	０．４０
ヤ　ギ	２２	３．７	０．７８
ヒツジ	１５	４．６	０．８４
ブ　タ	１４	５．２	０．８０
ネ　コ	９．５	７．０	１．０２
イ　ヌ	９	７．４	１．３３
ウサギ	６	１０．４	２．５０

もなりません。誰でも知っていることですが、母乳を飲んでいる赤ちゃんは麻疹《ましん》（はしか）にかかりません。理由は母乳の中に麻疹に対する免疫物質が含まれているからです。もちろん牛の乳の中にはありません。麻疹は牛の病気ではないので。

　余計に含まれている成分の代表的なものがタンパク質とミネラル（無機質）です。タンパク質が人乳の二倍、ミネラルが三倍です〈表1〉。いまタンパク質の濃さを人乳と同じにしようとして牛の乳を二倍にうすめると、それでもミネラルはまだ濃すぎるし、ミネラルを人乳に合わせようとして三倍にうすめると、今度はタンパク質の濃さが足りなくなり、その上、もともと少なかった成分はさらに少なくなってしまうという、なかなか厄介な問題があるのです。

〈表1〉は、いろいろな動物の乳のタンパク質とミネラルの含有量を示したものです。

ほかの動物の乳と人乳とではこんなに違うのです。

ウサギを見てみましょう。生まれてからわずか六日で出生時の体重の二倍になっています。ウサギは弱い動物なので、ほかの肉食獣に捕まらないようにするためには早く大きくならなければならないからです。そのためにウサギの乳のタンパク質とミネラルの含有量は人乳にくらべて一〇倍も多いのです。

これに対して人間の児は脳がまだ未熟のままで生まれてくるので、生後一年間というものは、歩いたり走ったりという運動機能の発達は後まわしにして、もっぱら脳の発育に力を入れます。そのため人間の乳はこんなにうすい組成になっているのです。

79　人工栄養で忘れてはいけない留意点

赤ちゃんをやむをえず人工栄養で育てる時、母親には自分と赤ちゃんの両方に対して常に言い聞かせておかなければならないことがあります。

生まれてきた赤ちゃんとは胎内にいた時から、生まれた後はお母さんのお乳を飲ませてあげると約束してあったはずです。それを母親の一方的な理由で人工栄養にするのですから、ゴム乳首を含まされた情けない思いの赤ちゃんに対して、その都度「ごめんね」

「お母さんを許してね」と心の中でお詫びをしなくてはなりません。

母親はこのようにして常に自分を戒めていないと、母乳を与えているお母さんに比べてプロラクチン（乳腺刺激ホルモン）の分泌が少ないので、母性の発生に加速がかかりません。そのため、えてして動物にエサをやるようないい加減な気持になりがちで、果ては、寝ている赤ちゃんにかけてある毛布にシワを作ってビンをずれないようにして、「お前一人で勝手に飲め」というような怠慢なことをやってしまうのです。これでは赤ちゃんに心の栄養を与えることができないのは当然です。こういうことをやってはいけません。

たとえ夜中であっても、いかに眠くても、赤ちゃんに哺乳ビンで授乳する時は、できるだけ母乳授乳の時と同じような状態にしなければなりません。ちゃんと正座するか、椅子に腰掛けるかして赤ちゃんを抱き、その顔をしっかりと見つめながら授乳しましょう。

ここで41項の「何より抱っこ　とにかく抱っこ」を参照してください。この項ではインプリンティングを説明していますが、そこにインプリンティングが不足なく終了するための抜けてはいけない七項目がありますね。その第一項は「赤ちゃんが母の乳首に吸いつき、その乳を飲むこと」です。あとの六項もそうなのですが、これらは「母子がお互いに離れられない存在」となるための抜けてはいけない動作なのです。

つまりインプリンティングは赤ちゃんの発達に不可欠であると同時に、単に子を産んだだけで、まだ「母」になっていない女性が「母」になっていくためにも不可欠なのです。すなわち女性には「母性発生システム（母性発生装置集合体）」が先天的にそなわっている（112項参照）のですが、このシステムはあの七項目の動作をすることによってスイッチ・オンになるのです。したがって母乳授乳という「母性発生装置解発刺激」が抜けると、対応する装置が起動されず、一部「母性発生障害」になる可能性があるのです。

また、授乳時間の間隔の一応の目安は三時間ごとですが、あまりこだわる必要はありません。スヤスヤと眠っているのに起こして飲ませるのも良くないし、また一方、赤ちゃんが飲みたがっているのにまだ時間がこないからといって与えないのもいけません。

乳首の孔《あな》を大きくすると無気力な人間を作る

赤ちゃんが〝あぁ、おなかがいっぱいになった〟という感じ、つまり満腹感は、単に胃袋がお乳でいっぱいになっただけでは起こりません。胃袋がお乳でいっぱいになると同時に、お乳を一所懸命に吸啜したことによる頬の筋肉の疲労がないと、赤ちゃんは満腹になった気がしないものなのです。

粉ミルクで育てる場合、使っているゴム乳首の孔が大きいと、赤ちゃんはそれほど強く吸わなくてもミルクはどんどん出てきます。そうすると赤ちゃんの胃袋はもういっぱいになっているのに、頬の筋肉はまだ疲れていないという状態が生じます。このようなとき、赤ちゃんは実際にはもう満腹になっているのに口だけはまだお乳を吸う動作を続けるものなのです。

自動車のガソリンタンクならば、満タンかどうか計器の表示を見ればすぐわかりますが、赤ちゃんのおなかは満腹かどうかはわかりません。そこへ赤ちゃんがお乳をまだ吸いたいような動作をしていると、私たちは赤ちゃんのおなかはまだいっぱいになってはいないのだと思い、ついつい必要以上に飲ませてしまうことになります。

親というものは赤ちゃんがグイグイ飲んで太ってくると、赤ちゃんが立派に見えてとてもうれしいのですが、太りすぎると将来の肥満につながる恐れがあり、しかも成長期の肥満は、後になって何かと厄介な問題を引き起こしてくるので厳重な注意が必要です（87項参照）。赤ちゃんの体重は、そのときの身長に見合った平均値よりも重くならないように、もし重くなったときは常に肥満の危険を思い出して、必要以上に多く与えないようにしましょう。

さらにゴム乳首の孔が大きいと赤ちゃんは努力しなくても楽にお乳が飲めます。これは「食物を手に入れるには大変な苦労が必要なのだ」という、あらゆる動物の生存に基本的に必要な心構えを作る機会を失わせることになり、その赤ちゃんは将来無気力な人間になる（K・ローレンツ）ともいわれています。肥満にしても、無気力にしても、いずれも重大なことなので、粉ミルクで育てるときは、乳首の孔は一番小さいのを使いましょう。

80 ミルクの味と匂いを覚えておくこと

よく晴れた二月のある日の午前一〇時頃、救急車で赤ちゃんが運ばれてきました。生後六ヶ月になる男の赤ちゃんで、顔を真っ赤にしてフーフーと荒い息づかいをしています。診察している最中もその赤ちゃんはえらくご機嫌で、あやしもしないのに声をたてて笑っており、しかも酒くさい息をしているのです。

とにかくさし迫って生命に別条はない状態だったので、おろおろしているお母さんに気を鎮《しず》めるように言い、どうしてこんなことになったのかを尋ねました。そのいきさつは、あらまし以下のようです。

その赤ちゃんの親戚に不幸があって、昨夜はお通夜でした。親戚の人たちと一緒に赤ちゃんもお寺に泊まりました。そして今朝、お母さんがストーブの上に載っていたヤカンのお湯で粉ミルクを溶かし、二〇〇cc作って赤ちゃんに飲ませたのですが、約二〇cc飲んだところで赤ちゃんは飲むのを止めてしまったそうです。不審に思ってヤカンの中身を調べたところ、何とそれはお酒だったのです。

六ヶ月の赤ちゃんにとって二〇ccのお酒は、大人が一五〇ccのお酒を一気に飲んだのにほぼ相当します。いい機嫌になるのも当然です。しかし、もし赤ちゃんがその二〇〇ccを全部飲んでいたら、大人が一五〇〇ccのお酒を一気に飲んだのに相当し、これは大変なことになるところでした。さすがの私も、生後六ヶ月の酔っぱらいに会ったのは初めてです。

この事故は、もし母親が哺乳ビンの中に溶かした粉ミルクをいつも味見することにしていたなら未然に防ぐことができたはずです。こうした事故はそういつも起こるものではありませんが、赤ちゃんを人工栄養で育てなければならなくなった時、母親は使うことに決めた粉ミルクをその説明書に書いてあるとおりに溶かしたら、まず自分で何回も味わってみて、その味と匂いをしっかりと覚えておかなくてはなりません。そうして赤ちゃんに与える前には毎回必ず味見をする習慣をつけておきましょう。そうすることによって、この事故のように何か異物が混ざっていればすぐ気がつくし、いたんだミルクをうっかり与えたりすることもなくなります。

また赤ちゃんがミルクを飲み残した時には、なにも捨ててしまうことはありません。冷蔵庫に入れておいて、次に赤ちゃんがお乳を欲しがった時にそれを味見してみて、いつものとおりの味と匂いだったら、また温めて与えてもいいのです。私たちの味覚や嗅覚《きゅうかく》は、結構たよりになる正確なものです。日常生活を思い出してみればすぐわかることですが、聞き違いとか見間違いというのはよく起こるけれども、「味間違い」や「嗅ぎ間違い」というのはめったに起こらないことです。

もう一つ。哺乳ビンの消毒についてですが、これはあまり必要ではありません。その家庭の食器を洗うのと同じやり方で洗浄すれば十分です。

81　混合栄養にすると母乳が出にくくなる

母乳が不足していると思ったら、すぐ混合栄養にするのが現在では常識のようになっていますが、そうするとさらにお乳の出が悪くなります。理由は、母親の乳頭からお乳を飲む時とゴム製の乳首から飲む時とでは、赤ちゃんの唇や舌の使い方が違うからです。

母親の乳頭からの飲み方は胎内にいた時から練習していたやり方です。赤ちゃんは乳頭を舌の上にのせ、舌をまるめて乳頭をくるむようにします。お乳は乳房の奥から湧いてくるので吸い取る必要はありません。湧き出てくる圧力を利用して乳頭を少し押すようにして飲みます。

ゴム乳首の場合は私たち大人がストローで液体を吸う時と同じで、唇と上顎《うわあご》を使う飲み方です。赤ちゃんは下唇《したくちびる》と舌を使ってゴム乳首を上顎と舌の間に固定します。ビンの中身は自然には出てこないので、赤ちゃんは口の中を陰圧にしてビンの中身を吸い取らなければなりません。

このように、母親の乳頭の時とゴム乳首の時とでは飲み方がまったく違うのですが、問題はゴム乳首式のほうが赤ちゃんにとってはやりやすいという点です。

ここで、混合栄養にした時の経過を見てみましょう。初めてゴム乳首を含まされた赤ちゃんは、それまでの母親の乳頭の含み方や舌の使い方を「ゴム乳首式」に変えなければなりません。何とかそれができるようになったと思ったら、また母親の乳頭を含まされる。赤ちゃんは再びもとの母乳の飲み方に戻さなければならない。ところが母乳の飲み方のほうが難しい。こんなことをくり返しているうちに、赤ちゃんは母乳の飲み方がだんだん下手になっていきます。そうするとここに問題が発生するのです。

人間の乳汁は牛やヤギのように常時乳房の中に溜まっているのではなく、赤ちゃんが乳頭を含んだ時「乳汁製造開始」のスイッチが入るのです。しかし赤ちゃんが「ゴム乳首式」で吸いついた場合は、母体にとってスイッチ・オンにはなりません。ちょっとでもお乳の出方が少なくなると安易に粉ミルクで追加しようとする人が多いようですが、以上の経過でおわかりのとおり、「混合栄養にする」のは「母乳を止める」ことにつながるので、少しぐらい母乳が不足しても、ここは一番、母も子も辛抱《しんぼう》することが大切なのです。

だから母乳で育てている赤ちゃんに、砂糖水、果汁など母乳以外のものを与える時も、哺乳ビンを使ってはいけません。赤ちゃんの吸啜力《きゅうてつりょく》を落としては大変なので、この場合はスプーンで与えるようにしなければなりません。これはいささか面倒くさいことですが、親も子も忍耐して練習すれば、赤ちゃんは数日のうちにスプーンで飲めるようになります。もちろん母乳でも、いったんしぼって出してしまったものはスプーンで飲ませるべきです。スプーンを使った場合でも、上手になれば所要時間は哺乳ビンで飲ませた時とほとんど変わりません。

授乳にかかわる用語について

授乳についての用語が誤解されている部分がありますのでそれを正しておきます。

赤ちゃんには出生直後三〇分以内に、最初の授乳をします。このとき赤ちゃんの吸いつき方が上手で強ければ、赤ちゃんの吸啜力《きゅうてつりょく》（すい、すする力）が強いと表現します。もちろん下手で弱ければ吸啜力が弱いと言います。

このことを哺乳力が強いとか弱いとか言う人がいますが、これは間違いです。哺乳とは「乳を飲ませて育てる」ということなので、「哺乳力がない」と言ったら、それは「その母親には赤ちゃんに乳を飲ませて育てる能力がない」と言ったことになり、その母親は母親として失格だという意味になります。

第七章

健全な食習慣を躾よう

82　食事の始まりは躾の始まり

動物は行動パターンによって生まれながらにしてその動物としての生き方ができます。私たち人間も、人間として人間らしく生きなければなりません。ところが厄介なことには、私たちは生まれたときから人間なのかというと、そうではありませんね。人間の赤ちゃんは、育てたものが狼《おおかみ》であれば狼になってしまうのです（6項参照）。このように動物に育てられた赤ちゃんの記録は、はっきりしているものだけでも少なくとも五三例はあります。どうしてこんなことが起こるのかというと、私たちは生まれてから本物の人間になるまでに非常に長い時間がかかるからです。また別の面から見れば、人間はほかの動物のいいところばかりをかき集めてできているので（58項参照）、動物のようになるのは簡単なのでしょう。

赤ちゃんはいずれ人間の仲間入りをする、すなわち本物の人間になっていくのですが、それには『人間の社会の掟《おきて》』を知り、身につけていかなくてはなりません。この掟を赤ちゃんに教えるのが躾《しつけ》であり、その入り口が食事の始まりなのです。

離乳と母親の心構え

離乳がすすんでいく様子を大まかに見ておきましょう。母乳の場合も人工栄養の場合も、生後五ヶ月前後から離乳を始めます。なお、砂糖水や果汁などは三ヶ月を過ぎたら与えてもいいのですが、これは離乳ではありません。離乳の開始から終わりまでを次のように大きく三つの期間に分けます。

離乳前期（五〜六ヶ月）　この時期は口の中で食べ物をつぶす練習と、ゴックンと飲み込む練習をする時期です。だからドロドロしたものを与えます。おかゆ、パンがゆ、うどん…。ドロドロにすることのできるものならなんでもよい。ただし、すべてうす味、塩からくないように注意することです。

離乳中期（六〜九ヶ月）　この時期になると大人の食べるもののほとんどが食べられるようになります。ただし、まだ噛《か》んで食べることができないので、やわらかくしてブツブツの形で与えることです。歯が生えはじめるので噛むことを覚えていく時期でもあります。この時期で大切なことは、食後に水を飲ませる練習をすること。これは本当に水だけでいいのです。牛乳やジュースを水の代わりに飲ませるのはいけません。後の肥満、栄養不良、ムシ歯などの原因になります。

離乳後期（九ヶ月以降）　一日三回の食事の練習を始めます。一日三回の食事は九ヶ月以前からやってもいいのですが、一応九ヶ月以降としたのは、一日三回の食事においてトは単に栄養をとるためだけでなく、同時に躾を始めなくてはならないからです。そのためには赤ちゃんの精神的発育が間に合っていないとうまくいきません。そこで九ヶ月以降としてあるのです。遊びながらダラダラと時間がかからないように躾けていくことが大切です。

離乳は難しいものではない

一日三食になってからの授乳についてですが、母乳の場合は無理に止める必要はありません。人工栄養の場合は、できるだけ一日四〇〇ccを超えないように。特に牛乳を水代わりに飲むクセがつくと三度の食事がきちんととれなくなりやすく、結果的に栄養不良になる可能性があります。また赤ちゃんが牛乳や粉ミルクを好まなくなってきたら与えなくてもよい。

以上の区分は一応の目安です。基本的に次のことを頭に入れておけばいいでしょう。

一、歯のない人でも食べられるものなら何でもよい
二、無理に食べさせることは絶対にしない（食べてください、お願いします、は最悪）
三、すべて塩っ辛くないように注意する
四、卵は一歳になるまで食べさせない（アレルギーを作りやすい）

とにかく、離乳はそんなに難しいものではありません。「離乳食」などという特別の

食事、特別のメニューはいりません。そんなことにこだわっていると、余計な時間がかかったり、いらぬ心配をしてイライラするだけです。食卓の上にあるものの中でやわらかいものを少しずつ与えてみて、その子が最も興味を示したものをおかずにして離乳に入っていけばいいのです。

余談ですが、私の四人の子供のうち末娘の三女の場合、イカの塩辛で離乳を始めました。その塩辛は妻の作ったもので、それをおかゆにまぜて食べさせていたのですが、あるときその塩辛がなくなってしまい、次ができるのに一週間ばかりかかるというので、市販のものを買って来て与えました。ところが娘は一口食べるとそれを口から出してしまい、おかゆの入った茶わんを押し返して、〝これは違う〟という表情をしてどうしても食べようとしないのです。言葉が言えたら娘はきっと「これはいつもの塩辛じゃない」と言いたかったのでしょうが、それにしても私は子供の味覚の発達の早さに驚いたものでした。

83 食事の練習こそ躾のチャンス

食事の練習がうまくすすむかどうかは、要するに次の二点がどうなっているかにかかっています。
一、赤ちゃんがどんな食べ物に興味を持っているか。食べたいのか、食べたくないのか、母親がそれを的確に判断しているか
二、ほんとうにおいしいものを与えているか
この二点がうまくかみ合えば、離乳期はもとより、その後も子供の食事のことで悩むことはありません。これから赤ちゃんの食事に関する発達の過程と、それに伴う問題点を月数を追って見ていくことにします。
〔三～四ヶ月〕 親や兄弟の食べる物に対して興味を示しはじめ、それにつれてお乳を飲む量にもむらが出てくる。
〔四～六ヶ月〕 押し出し反射（固形物が口の中に入ると舌で押し出そうとする反射）がなくなり、形のあるものをほしがるようになる。
〔六～八ヶ月〕 物を噛む力が強くなり、規則的連続的に噛むことができるようになる。コップの中の水やジュースなどを、手伝ってもらえば飲めるようになる。
〔九～一〇ヶ月〕 そろそろスプーンが使えるようになるが、まだ大人のような使い方はできず、スプーンが口の前で裏返しになるような使い方をするので、すくったものはみんな口の前で落ちてしまう。

――裏返しにならないように手をそえて手伝ってやりましょう。

〔一〇～一二ヶ月〕ひとりで食べようとする気持が強くなる。しかし、実際にはひとりで食べることができるようになるのは一歳半以降なので、やたらにこぼし、ちらかす。

――食卓や床が汚されるのも困りますが、すべて手伝ってやるのは必ずしもいいことではありません。少しはひとりでやらせてみましょう。ただし、食べる気がなく単に食べ物で遊びはじめたら「もういらないのね」と言って一度かたづけて様子を見ること。

〔一歳～二歳〕自分の食器を見分けるようになり、ほかの兄弟のものと間違ったりすると指摘する。また遊び遊びで、さっぱり食事がはかどらないことがある。

――こういうときこそ躾の絶好のチャンスです。食べないようならさっさと片づけてしまって次の食事まで与えないこと。「やっぱりほしい」と言ってぐずったら、一回は出してやってみる。真面目に食べたらそれはそれでよし。しかし、また遊びはじめるようなら今度はとりあげて、何と言ってぐずっても絶対にとり合わないこと。

このようなときに絶対にやってはいけないことは、「食べてください、お願いします」という態度です。これをやってしまったら、その子にとって食事とは「お母さんのために食ってやるんだ」ということになり、この悪影響は成人まで続きます。

84　食事中の体罰について

〔二歳〜三歳〕　食べ物の味がうまいとかまずいとか言うようになる。またこの時期は、食事にかぎらず母や兄弟のすることを、なんでもかんでも真似をして、お手本としてその子の脳に焼きつけている時期です。だからほかの兄弟が「いらない」と言ったら自分もいらないと言ったりする。またほかの兄弟の好き嫌いを真似したりする。
――本人は食べたいのに、単に真似をして「いらない」と言ったら、お母さんはそれを真に受けたふりをして、さっさと片づけてしまって、後は知らぬふりをすることが肝心です。そうして子供に〝しまった、これは真似をするんじゃなかった〟と後悔させるのがいいのです。

また、なんとかひとりで食べることができるが、まだ上手ではない。そのため食べ物をちらかしたり、皿をひっくり返したりする。さらに、うまく食べられないことに腹を立てたりイライラしているとき、家族の者が別の話題に夢中になっていたりすると、みんなの注意を引きたいという気持ちとイライラが重なって、わざと食卓の上をひっかきまわしたり、茶わんや皿をひっくり返したりすることがある。

――こういうことをやったときの親の態度は、その後の親子関係に支障をきたす原因となることがあるので、十分に気をつけて対処しなくてはなりません。親が単に驚いたり困ったりしていると、子供は自分にみんなの注意が向いたことに味を占めて、何度も同じことをやるからです。

したがってこういうことをやったときはその手を激しく叩いて、二度と同じことをやらせないようにすることが大切です。そうしてその叩く強さは子供が痛くて泣き出すほどでなければいけません。

形式的に叩いたり、叩く真似をする程度では何の効果もありません。またこういうときは、その子の将来の育て方について親も決心をしなければならないときです。すなわち躾の中で体罰を行うかどうかについてです。体罰については68項を参照してください。

〔四歳～五歳〕 食べ方も早くなり、夕食のときには、その日にあった出来事を話しながら食べるようになる。しかし一方では気が散ったり、話に夢中になって食事がすすまなかったり、食事の途中で便所に行ったりして食事がはかどらないこともある。

――こういうときは悪いことやイタズラをしているのとは違うので、もちろん叩いたりしてはいけません。

その日の出来事を話すことは、その後幼稚園や学校へ行くようになるとますます重要になってくるので、少しぐらい食事に手間どっても当然真剣に聞いてやらなくてはなりません。その日の出来事を真面目に聞いてやるのは極めて大切なことで、これだけで非行を防止できると言っても過言ではありません。子供の話を楽しく聞いてやりながら、頃あいをみて早く食事をすませるように促すことです。なお食事の途中で便所に立つのはお行儀の悪いことなので、ごはんの前に済ませるように躾けましょう。

〔五歳以降〕 食事に関する発達段階としては特に留意すべきことはありません。おかずの選び方で子供の好みに振りまわされないこと。特に野菜不足にならないようにしましょう。さらに肥満に対する注意も必要です。肥満については後で述べます。なお、食べる量が少ないと思っても、おやつを多くして補おうとしてはいけません。

85 食べ物の好き嫌いについて

食べ物の好き嫌いが始まるのは二歳〜三歳の時期です。生まれつき好き嫌いのある赤ちゃんはいません。好き嫌いはすべて親が作るもの（50項参照）なのです。子供に好き嫌いを作らないコツは次の二点です。

一、親がその食べ物をとてもおいしそうに食べてみせて、子供の興味をそそること

二、嫌いだと言って食べようとしないときは、「お前が食べようと食べまいと、今日のおかずはこれしかありません」という断固たる態度でのぞむこと

私は好き嫌いについて自分の子供たちで実験してみたことがあります。長女が二歳になったときでした。長男は四歳になっており、次女は生まれたばかりでした。女の子が二人続けて生まれたので、この娘たちが将来嫁ぐときのことを考えて躾をしなければならないと考えていた頃のある日の夕食、おかずに鮭の切り身の焼いたのが出ました。私はこの娘たちが嫁に行った先で切り身の皮を食べ残したりしたら、「ぜいたくな無駄使いの多い嫁だ」と思われるのではないかと、ふと思ったのです。

そこで私は子供たちに向かって、「お前たち、このお魚の一番おいしいところはどこだか知ってるかい。一番おいしいのはここだよ」と言って切り身から皮をはがし、ひと口でむしゃむしゃといかにもおいしそうに食べて見せたのです。するとこれを見ていた長男がさっそく真似をしました。

「どうだ、おいしいか」と尋ねると、長男は「うん、おいしい」と答えました。二歳の長女はこのやりとりを黙って見ていたので、私は長女の皿の上に載っている切り身の皮をはがし、真ん中で二つに切って指でまるめて、「ほら」と言って長女の口の前に持っていきました。長女は「あぁん」をして口に入れてもらい、もぐもぐと食べています。「ど

うだ、おいしいだろう」と言うと長女はコクリとうなずきました。長女はこのとき生まれて初めて鮭の皮を食べたのでしたが、一児の母になった今でも鮭は皮が一番うまいと言っています。

子供に好き嫌いが始まりそうになったとき母親がしてはいけないことは、子供が食べたがらないおかずの代わりに、別の、子供がふだんから好むおかずを出したり、その子供のためにわざわざ別のおかずを作ってやったりすることです。これは「食べてください、お願いします」と言っているのと同じことで、この瞬間に好き嫌いを一つ作ってしまい、その上食べ物は親のために喰ってやるのだ、という感覚を残してしまいます。

ここで一番大切なのは子供にとって何が幸せなのかということです。子供に好き嫌いを作ったほうが幸せにつながるのか、何でもおいしく食べられる人になるのが幸せなのか――、言うまでもないことですね。

86 薬を上手に飲ませるコツ

自己誘発性嘔吐

先の一～二歳の食事のところの躾で、一つ用心していなくてはならないものがあります。それは、私がふだん「あてこすりの嘔吐」と表現している嘔吐です。

一歳を過ぎると赤ちゃんの知能はぐんぐん発達して知恵がついてくるのですが、同時に悪知恵も働くようになります。何かいたずらをして叱られたとか、自分の要求を親に拒絶されたとか、薬を飲みたくないときとか、病院へ連れてこられたときとか、とにかく自分のやりたくない、自分に都合の悪いことが起こった場合に激しく泣き出し、わざと咳をして、同時に「ゲェー」とやります。母親がこの嘔吐に驚いて、あわててなだめたり、うろたえたりして、そのやりたくないことを中止すると、子供はすっかり味をしめて、何か自分に都合の悪いことが起こるとすぐ「ゲェー」とやるようになります。

これは自己誘発性嘔吐といわれているものですが、子供のわがままの始まりで、この「ゲェー」に親がひるんでいると将来の躾のじゃまになります。だからこの手には絶対に乗らないこと。あまりいつまでもこの「ゲェー」をやっているときは「やめなさいっ」と強く叱ることが大事です。

この嘔吐を一番やるのは薬を飲ませるときです。一歳から二歳ごろまでの時期は、知恵だけあってまだ病識がない（69項参照）ので、薬を飲ませるのが最も面倒な時期です。叱りつけるとか、だますとか、その家庭のやり方ですが、このとき一番大事なのは、これは絶対に飲まなくてはならないものなのだという母親の断固たる態度です。赤ちゃんが〝どう抵抗しても飲まされてしまう〟とあきらめるようにするのです。

また別の方法としては、「お前が薬を飲まないのなら私もお前を相手にしない」という顔をして無視してやるのも効果があります。そうすると子供はおもちゃを持ってきたり絵本を持ってきたりして、母親の機嫌をとろうとします。そうしたらまた薬を出して「これを飲んだら遊んであげる」と言うのです。飲まなかったら、また突っぱねます。子供のほうが根負けして〝これは飲まないわけにはいかない〟という表情や態度をしたら、すかさず、その機を逃さず飲ませるのです。うまく飲めたら「お前はお利口ないい子だ」と言ってうんと褒《ほ》めてやることです。

ただし、ここで絶対に間違ってはいけないのは「褒めてやる」のであって、「飲んでくれてありがとう」という感謝の態度をするのではない、ということです。「飲んでくれてありがとう」をやったらもうおしまい。その次からまた飲まなくなります。

親の姿勢・態度が重要

三歳を過ぎると、病識が出てくるので薬も飲ませやすくなるのですが（69項参照）、中には嫌がって抵抗し、なかなかうまくいかない子供もいます。

三歳になると、ごまかすこともできないし、だからといって力ずくで強制的に飲ませることもできません。何時間かかっても、ときには一日かかってもいいから、「お前が苦しいのは病気のせいなんだ。この薬を飲めば病気がなおって楽になり、早く外へ行って遊べるようになる」ということを、くり返し言って聞かせるのです。納得すれば必ず飲みます。そうしてここでも、飲んだら必ず「お前はききわけのよい、頭のいい子だ」と言って褒めてやることです。もちろん「飲んでくれてありがとう」はいけません。

もう一つ注意しなくてはならないことがあります。それは、「先生が飲みなさいと言ったでしょ。だから飲まなきゃいけません」という言い方、接し方です。こういう言い方をすると子供は〝確かに先生は飲めと言ったけど、お母さんとしてはできれば飲んで欲しい、ぐらいにしか思っていないんだな〟と思います。

そうすると、「先生とお母さんと二人でボクの病気を一所懸命になってなおそうとしているのだ」ということを子供にわからせるのが困難になります（102項参照）。しかもこのやり方は病気の治療における母親の受け持ち範囲を全うしていないので、責任逃れなのです。

また、薬は飲むことは飲むのだけれども、一〇分か二〇分するとみんな吐いてしまうという場合もあります。三歳を過ぎている場合は先に述べた自己誘発性嘔吐は少ないのですが、しかし、まだその子の納得の程度が本物ではないのです。こういうときは、「薬というものはおいしくないものなのだ。ムカムカするのはわかるけれども、じっとこらえなさい」と言って聞かせるのが大事です。

吐いたことに母親が驚いたりうろたえたりして薬を飲ませるのを中止すると、せっかくそれまで説得してきたことに重みがなくなってしまいます。

また、お母さんたちの中にはそんなとき、〝この薬はこの子には合わないんだ〟などと勝手に決めてしまい、そのように言う母親もいます。そうすると子供にしてみれば〝なんだ、飲まなきゃ飲まなくてもいいのか〟ということになって、いつまでも吐きます。この場合のような吐き気は、本人がこらえようと思えばこらえられるものなのです。

子供に薬を飲ませるとき、絶対にやってはいけないのは「飲んでくれてありがとう」の態度ですが、そのほかにもう一つ重要なやってはいけないことがあります。それは食べ物の場合と同じ、「飲んでください、お願いします」です。これをやると「それでは飲んでやる代わりに、あれ買ってくれ、これをしてくれ」になってしまいます。

87　子供の肥満

子供の食事の内容が脂肪食中心になっていたり、あるいは油の多いスナック菓子を無制限に食べさせていたり、また食生活形態が恒常的に朝食欠食だったりすると、それは肥満につながります。

　私たちの身体にはいたるところに脂肪組織があるのですが、特に多い場所は皮下、その中でも臍《へそ》の周囲、腰、肩など。そのほか腹の中、腎臓のまわり、などです。また赤ちゃんでは急な発熱を要する時の備えとして背骨の両側に褐色脂肪組織があります。

　これらの脂肪組織は脂肪細胞が集まってできており、ふだん脂肪をその中に貯蔵していて、私たちの身体を寒さや強い打撃から守ったり、また身体が急に多量のエネルギーを必要とするときには、貯蔵してあった脂肪を溶かして血液の中へ出してエネルギー源として使う、などの仕事をしています。

　私たちが必要量以上に食物をとると、身体は余ったエネルギーを脂肪に変えて蓄えます。そのため脂肪細胞は放出する脂肪よりも取り込む脂肪のほうが多くなり、脂肪の貯蔵量が増えて脂肪細胞の一つ一つが大きくなっていきます。これが肥満の実体です。

　ところがこのような太り方は、成長が終わった大人のパターンであって、成長途中にある子供は違う経過をたどります。子供は、まず初めに身体全体にある脂肪細胞の数を増やすのです。数を増やして脂肪を貯め込みます。それでもさらに貯蔵場所が足りなくなると、今度は大人と同じやり方で脂肪を貯め込む、すなわち脂肪細胞の一つ一つが大きくなっていくのです。

図９　大人の肥満と子供の肥満のでき方の違い（円は脂肪細胞）

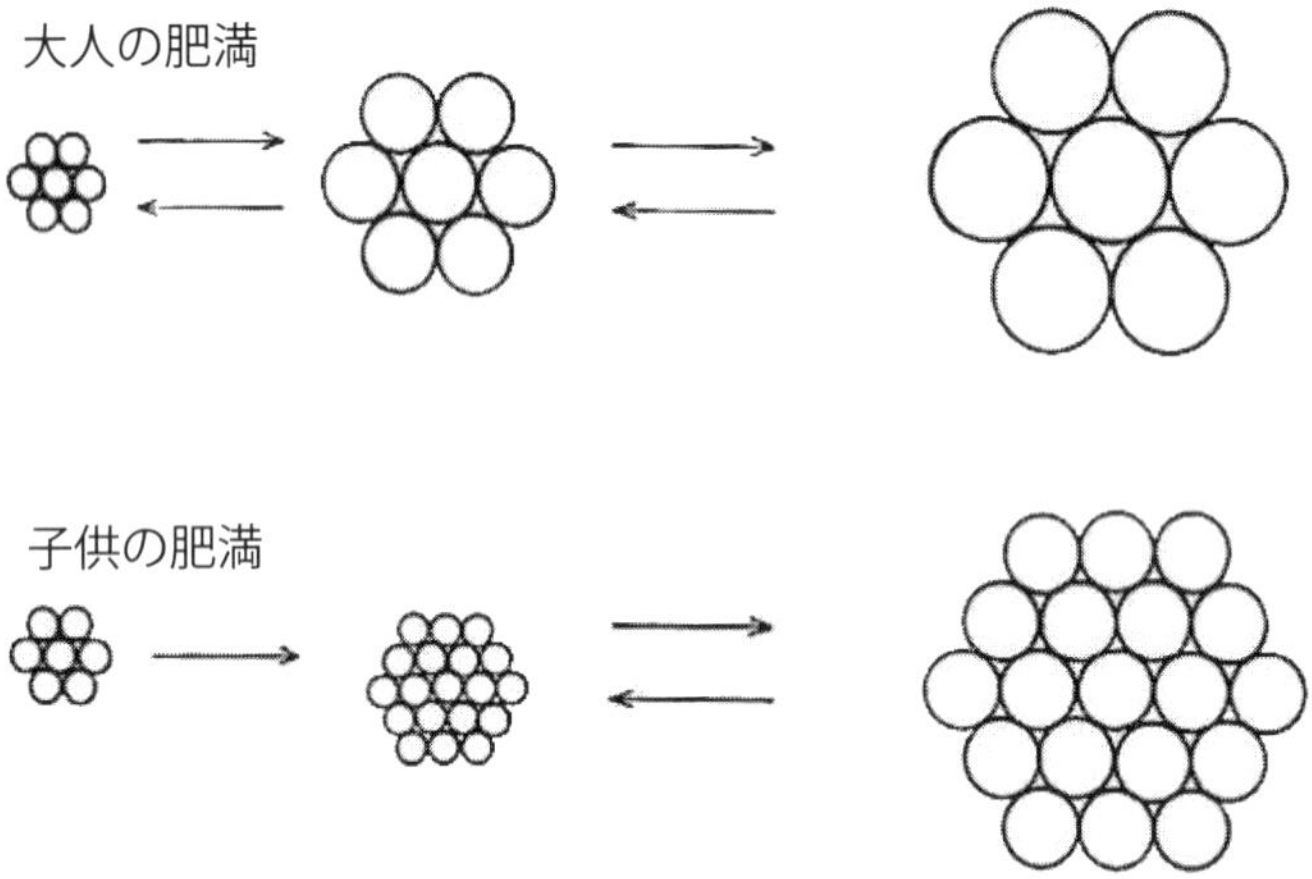

子供の場合、最初の段階で左向きの矢印がない点に注意

大人になってから太った場合には、大きくなった脂肪細胞がもとの大きさに戻れば、それで減量は成功です。しかし子供の場合は、一つ一つの脂肪細胞がもとの大きさに戻ったとしても、脂肪細胞の数が増えてしまっているので、身体としてはまだ太っています。その上、この増えてしまった細胞は減らすことはできないのです。だから子供の減量は非常に難しいわけです〈図９〉。

子供の肥満の問題点の第一点は生活習慣病、すなわち心臓病や高血圧、肝臓病、糖尿病などになる可能性があること。第二点は、活発に運動できないため持って生まれた才能を十分に発揮できない恐れがあることです。

88 食べ物と母親の主導権

私の外来に来るお母さんたちの中には子供の栄養を考えるあまり、とにかくたくさん食べさせようとしている人がいます。しかしそういう食事をさせているとそこに母親の主導権がなくなり、時には子供に対して「食べてください、お願いします」という態度になることさえあります。なかでもよくないのは、これも私がよく経験するのですが「全部食べたら○○を買ってあげる」などと言うことです。日常的にこのように言われると、子供にとって食事とは〝お母さんのために食べてヤルんだ〟ということになるばかりではなく、物で人の心を動かそうという、あるいは動かされるという、人間としては最低の心を作り出すきっかけにもなります。

大人にとって三度の食事に要する時間は全部たしてもせいぜい二時間ぐらいだし、日常生活で食事はそれほど重要な心理的意味を持っていません。しかし子供にとっては、この時に躾をしてもらい、作法を教えてもらうのですから、食事はその子の一日のうちの重要な部分をしめています。その重要な時間に母親と子供の間で主導権が逆になって「食べてヤル」という関係になってしまうと、この逆方向の力関係は食事のときばかりにとどまらず、ほかの場面でも大きな影響力を持つようになります。結果は明瞭です。子供は母親を見くびって、さっぱり言うことを聞かなくなるのです。

　こうなると問題は単に食事に関することだけではなくなり、将来母親は、子供に躾をうまくやれるかどうかという重大問題にまで発展していきます。

肉を食べさせる時の留意点

　食事の主導権の問題で案外見逃がされていることがあります。それは子供にはすぐ噛み切れる軟らかい肉は与えないほうがいいということです。何故かというと、力を入れてよく噛むことが歯を丈夫にする上に、この動作が脳を刺激して脳の発達によい影響を与えるからです。だから、スジっぽくて噛み切るのが容易でない肉を与えるのがコツです。もちろん両親も同じ肉を食べるのは当然です。

　読者の皆さんは子供の頃、噛み切れない肉をいつ飲み込むかということで困ったことはありませんか。子供にとってその決断は、かなりの大問題なのです。これが、その後のいろいろ出会う問題の解決、または決断に影響を及ぼします。

　よく見かける光景ですが、噛み切れない肉を飲み込もうか、どうしようか迷っている子供に「出しなさい」と言って手や皿の上に吐き出させる母親がいますが、これは絶対にやってはいけません。子供の忍耐力を阻害するばかりでなく、自分のやったことに責任を持たない子供になれと言っているようなものだからです。自分の手で自分の口へ運んだのだから、最後まで責任をとらせる、つまり飲み込ませるようにしましょう。

89　朝に軽く、夜に重く

ここで一日三度の食事の内容について見てみましょう。つまり三度の食事のおかずをどのようにすればいいかということです。これは結論を言えば簡単です。昔から言われているように「朝に軽く、夜に重く」という一言につきるのですから。この「軽い」とか「重い」とかいう言葉の意味は、おかずの中に肉や魚や卵など動物由来のタンパク質が少ないか多いかという意味です。魚や肉や卵などの少ないおかずの食事は軽い食事、それらの多い食事は重い食事です。

蒸気機関車は石炭を燃やしてその熱を利用して動くし、自動車はガソリンを燃やして走ります。私たちの身体もこれと同じように、食べた物の中の燃えるものを燃やし、その熱を利用して仕事や運動をしていることは誰でも知っています。

食物の中で燃えるものは三種類あります。それは糖質（でんぷん、砂糖など）、脂質（脂肪、油など）、タンパク質（肉など）の三つで、これらを三大栄養素といいます。この三つのうち一番燃えやすいのが糖質、次が脂質、一番燃えにくいのがタンパク質です。読者の皆さんも実験してみればすぐわかることですが、角砂糖（糖質）とバター（脂質）と干した肉のかたまり（タンパク質）、これらにライターで火をつけて燃やしてみましょう。角砂糖はそのまま火がつきます。しかしバターはそのままでは燃えません。ロウソクのように芯をつければようやく燃えます。干した肉のかたまりはどうでしょう。ライターだけで火をつけることは不可能です。真っ赤に燃えているストーブの中へでも入れなければ燃えません。

糖質、脂質、タンパク質が私たちの身体の中で燃えるときも、燃えやすい順番は同じです。だから私たちは、日常の活動に使うエネルギーの六〇％以上を糖質からとっており、次が脂質、タンパク質はエネルギー源としてはあまり使わないのです。

私たちの身体が、ちょうど自動車がガス欠を起こしたような状態になるのはいつでしょう。それは前の晩から約八〜一〇時間、何も食べないで過ごして目を覚ました朝です。ヘナヘナになった子供の例（55項参照）を思い出してください。このようなとき、私たちの身体は食べたらすぐエネルギーに変わる食べ物を必要としています。手っとり早く、ただちにエネルギーに変わる、すなわち燃えやすい食べ物、それは糖質です。

だから世界中どの民族も朝食はでんぷん質主体で、重い食事は朝にはとりません。ヨーロッパではパンと紅茶（またはコーヒー）とジャムまたは少量のバター。昔からの日本の朝食もご飯かお粥と漬け物にみそ汁。みんなこの程度なのです。「朝に軽く、夜に重く」というのはまさに合理的であり、どの民族も長い経験によってどんな朝食が身体に適しているかを知っているのです。

90　豪華な食事は夕食で

先に述べた「朝に軽く、夜に重く」とは、タンパク質の多いおかずは夕食で食べなさい、ということです。現在一般には朝、昼、夕食での動物由来のタンパク質の配分は二対三対五の割合が良いといわれていますが、私は二・二・六でもいいし、一・一・八でもいいと思っています。

私たちの身体は一日の活動でいたるところがすり減っています。お風呂で身体をこすったら出てくる垢《あか》は、古くなって張り替えられた皮膚の残骸だし、小腸の粘膜は一日二四時間休みなく働いているので消耗が激しく、毎日新しいものに張り替えられています。血液の成分も、いつ事故に遭ったりバイキンが侵入してくるかわからないので、常に新しいものが用意されています。

これらの補修・補給作業は寝ている夜の間に行われるので、原料であるタンパク質は夕食で多く摂っても十分に間に合います。

豪華な弁当は学業成績を下げる

昼食も軽くていいという理由は、食物の特異動的作用の問題です。

どんな食事でも食後は身体が温まり、少し眠気がさして、いい気持になります。消化管の中に食物が入ってくると、身体はそれを消化吸収する作業を開始しますが、これは消化管だけが行うのではなく、全身が参加するのです。それに伴ってエネルギー代謝が亢進し、軽く発熱します。これを「食物の特異動的作用」といいます。この作用は、糖質、脂質、タンパク質、いずれにもあるのですが、タンパク質の作用が最も強く、しかも一〇時間ぐらい続きます。

タンパク質を多く食べた後は、ほかの物を食べたときよりもさらに身体が温まり、私たちは満足感と幸福感を覚えます。これは日常よく経験することです。昼食に「かつ丼」を食べたときと、「ざるそば」を食べたときとでは、「かつ丼」の食後のほうが「ざるそば」の後よりはずっと眠いはずです。

受験をひかえた中高校生を例に考えてみましょう。私の知るかぎり、今の中高校生のお弁当のおかずは豪華過ぎます。とんかつ、焼き肉、ハンバーグ、ソーセージ、ハム、卵焼き、鶏の唐揚げ…、これらのものがぎっしりと詰まったお弁当をおなかいっぱい食べたら、そのあとの午後の授業の時、必ずと言ってよいほど眠気がさしてきます。

動物由来のタンパク質を摂取した後の満足感と幸福感に浸っている生徒にとって、先生の講話はたぶん心地よい子守唄になることでしょう。中高校生に午後の授業もしっかりと勉強させようと思ったら、弁当には豪華なおかずをつけるべきではありません。

さて、朝、昼とご馳走を我慢したのですから、夕食はがっちりと重い食事にして、ゆっくり時間をかけ、家族一人ひとりがその日にあったことを話しながら楽しい一家団らんのときにしましょう。

91 子供の便秘

一日三度の食事の内容について、もう少し述べておかなければなりません。

私たちがふだん食べている食べ物には誰でも知っているとおり、糖質、脂質、タンパク質、ミネラル（無機質）、ビタミンの五つの栄養素が含まれています。これらのものは私たちの血となり肉となり、また一日の活動のエネルギーの源となるもので、いずれも必要な量だけ、バランスよく食べなければなりません。もちろん子供に与える食べ物についても同じことです。

しかし一方、血にも肉にもならず、エネルギーにもならないものもまた、食べ物として必要としています。だから「バランスよく」というときには、そういう食べ物も含まれていなければならないのです。

このことに関連して私が日常の診療の中でよく出会う大きな問題に、子供の便秘があります。子供の腸は何十年も使い古した老人の腸とは違って、いま使い始めたばかりの新品なので、特別の生まれつきの病気でもないかぎり、子供に便秘など本来起こり得ないことなのですが、現実にはかなり多いのです。その原因は何かと言うと、食事の中の野菜不足です。

食べ物は、私たちの口から肛門までの消化管というクダの中を通過していく途中で消化を受け、含まれている栄養素が身体に吸収されます。消化することができないものは便として捨てられます。

私たちがふだん食べている物の中には、非常に消化しやすいものから、まったく消化することのできない物までが入り混じっています。胃や腸の中に消化することのできない物が入っていくと、それは私たちの身体にとっては邪魔者（異物）なので、早く消化管から追い出そう、異物を早く肛門のほうへ送って捨ててしまおう、とするのです。この動きにつれて、消化吸収した食べ物の残滓《ざんし》である便も一緒に肛門へ送られます。

だから便通を良くするには、消化できないものを食べればいいというわけです。消化できないものなら何でもいいので、極端なことを言えばその辺にある石ころでも砂でもいいのですが、まさか子供にそんなものを食べさせるわけにはいかないので、常識的な食べ物の中で、何かそういう消化できないものが入っているものを食べさせなければなりません。

その代表的なものはセルロースです。これは植物の細胞膜や繊維を形成しているもので、簡単に言うと果物や野菜の皮やスジのことです。私たちが果物や野菜を食べると、その中に含まれているいろいろな栄養素を消化吸収しますが、セルロースは口から肛門まで消化管の中を単に素通りするだけです。つまりセルロースは血にも肉にも、エネルギーにもならないのですが、しかし便の牽引役として重要な役割を果たしているのです。

92　もっと野菜を食べさせよう

子供に便秘が起こっている場合、その原因の大半は野菜の摂《と》り方の不足にあります。したがって野菜を多く食べさせさえすれば、便秘などたちどころになおるのですが、そもそもの始まりが「食べてください、お願いします」のようなやり方に端を発している上に、父親も野菜嫌いである場合が多く、そのため子供の野菜嫌いの歴史は古く、ときには子供が母親のおなかの中にいた頃にまでさかのぼらなければならないこともあります。だから子供の便秘をなおすのにはなかなか手こずるのです。

薬で便をやわらかくするのはいとも簡単なことですが、それでは便秘の原因を取り去ったことにはなりません。私は母親にくどくどと説明するのですが、ただちに献立を変更する母親は少なく、また、変更しても子供のほうが今度はなかなかその食事の内容では納得せず、ずるずるとそれまでどおりになってしまう場合が多いのです。

しかし子供を野菜嫌いにしてしまう直接の原因は、「食べてください、お願いします」だけではありません。もう一つ、それは子供が離乳期に入った時期からずうっと、野菜をあまり食べさせなかったか、あるいは食べさせたけれども、それがおいしくなかったことに原因があるのです。

私が母親に「もっと野菜を食べさせるようにしなさい」と言うと、母親の約半数は「生野菜は食べさせるようにしているのですが…」という困りきった返事が返ってきます。このとき母親の念頭には、「野菜を食べさせることとは、生野菜を食べさせることだ」という思い込みがあるのです。

人によって違うとは言っても、生野菜はもともとそんなにおいしいものではありません。生でおいしいのなら、スパイスやドレッシングをかけたり、漬け物にしたりする必要はないはずです。漬け物は野菜の長期保存という目的ばかりではなく、昔の人にとっても生野菜は何らかの手を加えないとおいしくないので、漬けるという方法が考え出され、工夫発達したのではないかと私は思っています。

またもちろん誰でも知っているとおり、野菜は調理すればとてもおいしく食べられるので、私が「もっと野菜を食べさせるように」と言っても、それは「生野菜をたくさん食べましょう」と言っているのではないのです。

ここで読者の皆さんにも子供の頃を思い出していただきたいのですが、生野菜を好んで食べる子供はほとんどいません。しかしおいしく調理された料理なら、子供は野菜だって喜んで食べます。

93　子供に野菜は煮物が一番

便秘を起こして診察を受けに来るほど、極端に野菜が不足している場合を除いても、現在の日本の子供たち（大人も）には全般的に野菜不足の傾向があります。

野菜は三食いずれの食事でも必ず食べなくてはならないものなので、毎回の食卓に出てきて〝またか〟という気分にさせるようでは困ります。そう思わせないためには「漬物」「浸《ひた》し物」「蒸し物」「煮物」などが適しているのですが、これらのうち、歯がまだ全部はえそろっていない幼児でも、なんの抵抗もなく飽きずに三食毎回でも食べられるのはどれかと言えば、それは煮物です。

結論を先に申しましょう。子供が喜んで野菜を食べるようになってほしいと思うなら、野菜のおいしい煮物を作る勉強、練習をすることです。

煮物にするのがいいというのには、実はもう一つ大きな理由があるのです。それは煮汁がおいしく飲めることです。この煮汁がまたとても重要なのです。私たちの身体は弱アルカリ性を保たなくてはならないのですが、それを保たせてくれるのに野菜の煮汁は大きく役立っています。

大まかに言って、動物性の食べ物は私たちの身体を酸性側に引っぱっていきます。だから動物性の食べ物を食べたら、その量に見合っただけ野菜を食べなくてはなりません。もし野菜を食べる量が常に少なく、身体が酸性側に傾いていると、子供は精神的にも身体的にもストレスに弱くなります。要するに病気になりやすくなるし、精神的には集中力や忍耐力が低下するのです。

したがって私たちは子供の身体が常に弱アルカリ性を保つように心がけねばなりません。こんな言い方をすると、とても面倒なことのように思われるかもしれませんが、実際には大したことではありません。みそ汁の具でも、煮物の汁でも、鍋ものでも、とにかく野菜の汁が胃袋の中に毎日入っていけばいいのです。この野菜の汁の中に私たちの身体を弱アルカリ性に保つ物質が含まれているからです。

ここで一つお断りしておかなくてはなりません。野菜の煮汁の中に含まれている物質は、野菜を煮ているうちに抽出された成分なので、これは野菜をしぼったときに出てくる汁、つまり野菜ジュースとほぼ同じです。

だから野菜の煮汁を飲む代わりに野菜ジュースを飲んでもいいのです。しかしこの場合には二つの難点があります。その一つはおいしくないことです。大人が自分の健康のために「これはうまいのだ」と自己暗示をかけて飲む場合には、おいしいと感じる人もいるかもしれません。しかし味つけされて売られているものを除けば、子供は生野菜のジュースは好みません。もう一つの難点はジュースを作ったしぼりカス、すなわち大切なセルロースを捨ててしまう点です。しぼりカスまで食べるのならもちろんいいのですが、これはとても食べられた代物《しろもの》ではありません。この二つの難点がなく、しかもおいしく野菜を食べるには、やはり煮物にするのが一番なのです。

94　肉をたくさん食べれば国際人になるのか

日本の子供たちに野菜不足をもたらしたのにはもう一つ原因があります。それは戦後の日本人のほとんどが持った、まさに異常とも言えるタンパク質とりわけ動物由来のタンパク質に対する憧れと執着心です。「タンパク質が足りないよ」というテレビコマーシャルが、昭和四〇年を過ぎてからでさえも放映されていた事実からもうかがうことができます。

また私の診察室を訪れる母親たちの大多数が、お肉をたくさん食べると体格が良くなり、身体も丈夫になると思い込んでおり、はては頭まで良くなると思っている人さえいます。たしかに子供にとって動物由来のタンパク質は必要だし、不足すれば問題が起こりますが、必要以上に食べても何の足しにもならないばかりか、むしろ有害で、まして頭が良くなるなどということは起こり得ないことです。

むしろ有害というのは、第一に、先に述べたとおり動物性食品は私たちの身体を酸性側へ引っぱること。第二に、肉料理は油を使う場合が多い上に、肉そのものの中にも脂肪が入っているため、カロリーの摂り過ぎになって肥満が起こりがちだということ。第三に、お肉だけでおなかをいっぱいにしたら、もう野菜の入るところがなくなって結果的に野菜不足になるからです。

それにしても何故、かくも「お肉お肉と草木もなびく」ほどになってしまったのでしょう。タンパク質の特異動的作用による満足感と幸福感からだけでは、この熱狂的なお肉崇拝熱を説明することはできません。これはやはり七二年前の戦争で、肉をたくさん食べる人たちに負けたときの屈辱感、挫折感をなんとかふっ切ろうとした中で、日本人はでんぷん質と野菜ばかり食べていたのが失敗だった、これからは欧米人のようにお肉をたくさん食べれば体格も頭も良くなるのではないかという錯覚──「敗戦ショック・外人コンプレックス」を持ってしまったところに、大きな原因があると私は思っています。そうして体格が欧米人並みになれば、ただそれだけで日本人が国際人として通用する証《あかし》にでもなるかのように思い込んでしまったのでしょう。体格と体力とは別なのにです。

もし読者の皆さんの中に、自分の子供がみんなよりも小さいのを悩んでいる方がおられたら、それは心配は無用です。子供が平均より少しぐらい小さくたって何も気にすることはありません。よその子供より経済的で親孝行ないい子だと思っていればいいのです。

人は身体が大きくて困ることはあっても、小さくて困ることは何もありません。食べ物は少なくていいし、服を作るときも布は少なくてすむ。住む家だって小さくていい。人の価値を決めるものは「心」です。日本の歴史に誇りを持ち、郷土愛と同胞愛、つまり愛国心を持っているかどうか、これが日本人としての価値を判断する基準です。

95　子供も参ったアメリカ食

子供にとって衣食住は、大人のそれとはまったく違う意味を持っていることについては、これまで述べたとおりですが、中でも大切なのは、子供は衣食住を手がかり足がかりとして、日本人としての生活の知恵を覚え、身につけていくということです。

私は旭川市にリトルリーグを作った関係があって、地元のリトルリーグの野球少年（小学四、五、六年生）三四人を連れてアメリカへ行ったことがあります。八日間の滞在中、子供たちは毎日のアメリカ食にすっかり参っていました。遠征旅行が終わって成田空港へ帰って来た時、羽田空港へ移動してそれから千歳行きの飛行機に乗り換えるのに、待ち時間が三時間ばかりありました。私はこの時間に子供たちに夕食をとらせることに決め、みんなを集めました。そのとき私は、子供たちをちょっとからかってやろうと、ふと思ったのです。

「おいお前たち、今日の晩メシはハンバーガーにするか」

「ノーォッ」

間髪を入れず、三四人の口から発せられました。

「そうか、イヤか、…それじゃぁ刺身定食にするか」

「オー、イエースッ」

アメリカでの食べ物には、ほとほと嫌気がさしていたときのやりとりですが、言葉については、現地の子供たちと身振り手振りで必死になって意思を通じ合おうとしていたために、もう日本に帰ってきているというのに「はい」や「いいえ」が、とっさの場合には「イエス」「ノー」で出るようになっていたのです。一方、あれほど嫌がっていたアメリカの食事も、もし親とともにアメリカに移住して、生活の全部をアメリカ式でやったとしたら、せいぜい一ヶ月もあれば慣れて、嫌ではなくなることでしょう。

このように、子供はその置かれた環境に順応するのがとても早いのです。だからこそ一日一日と成長していくことができるのです。私たち大人は、一〇日前と今日とでは、ほとんど変わりはありません。しかし子供は、同じような毎日をくり返していても、一〇日前とは別人であると言ってもいいぐらい違うのです。このことからいっても、子供にとって衣食住とは命をつなぐための手段であるばかりではなく、それ以上の大きな意味を持っていることがおわかりでしょう。

衣食住は、その国その国、その民族その民族が、生きのびていくのに最も都合のいいようになっているものです。住んでいる土地の気候や風土、あるいはその民族の生活手段、気質、宗教などに適応して、発達し定着したものです。そうしてどの国も、どの民族も、育児を通してそれらをまた次の世代へ伝えているのです。もちろん私たち日本人の場合も同じです。だから日本人の衣食住は日本の文化そのものなのです。

96　ボロ屋のほうが安心

私たちにとって衣食住はなくてはならないものですが、その中で「住」すなわち家は、育児の上ではたいした役割はありません。要するに家についてはどうでもいいのです。雨漏りや、すきま風なんかは問題になりません。むしろ多少雨漏りがするぐらいのほうがいいのです。

私ごとで恐縮ですし、別に自慢にもなりませんが、私が四人の子供を育てていた、昭和五一年から平成二年までの家がまさにそんなでした。強い雨が降ると家中いたるところで雨漏りが始まるので、家族みんなで、まず画鋲《がびょう》と糸とバケツを集めます。雨の漏っているところに画鋲をさし、そこから糸を引いて何か所かの糸をまとめて五円玉の穴を通して留め、それをバケツの底に置きます。水はこの糸をつたってバケツに集まるので、こうするとバケツの数が少なくても済むのです。妻が考えた生活の知恵の一つです。

冬になると、今度は「すがもり」です。雪国では屋根に多量の雪が積もります。放っておけば、この雪はある量に達すると自然に滑り落ちますが、下面が氷になった多量の雪が一気に落ちると隣の家の壁に穴をあける恐れもあるので、放置することはできません。そのため雪が落ちないように、屋根の上に角材を軒と平行に固定して「雪止め」をつけます。

雪止めによって雪はひとりでには落ちなくなるのですが、今度は定期的に雪下ろしをしなくてはなりません。これも雪国の家族にとっては大変な仕事です。これを怠っていると、積もっている雪の屋根に接した部分が融け、その水が毛細管現象によって屋根の上のほうへ逆流していきます。屋根の作りがしっかりしていないと、その水が家の中へ漏ってきます。これを「すがもり」と言っています。

雨漏りがするぐらいですから、わが家は「すがもり」の常習家屋でした。ある冬の夜、次女の部屋からただならぬ悲鳴が聞こえてきました。家中の者が駆けつけてみると次女の部屋の天井がすっぽりとぬけ、寝ていた次女の上に落ちていたのです。「すがもり」の水が天井の裏に入れてある断熱材にしみ込んで重くなり、落下したのでした。

最近は食べ物も着る物もあり余っています。子供に家族の協力や生きることの大変さを教える機会が少な過ぎます。だから家はボロにしておいてもいいと私は思っていますが、わざわざボロにしろとすすめているわけではありません。

育児の中では、立派な家のほうが心配なことがたくさんあります。特に子供一人ひとりに自分の部屋があって、しかも中から鍵がかけられるようになっている場合は、細心の注意が必要です。中で何を考え、何をしているかわからないからです（16項参照）。

子供に自分の部屋を与えることと、子供の人間性を尊重することとは、必ずしも同じではないのです。この二つを混同しないよう注意してください。

第八章　子供の病気と事故

97　子供の病気は親からなおせ

子供が健康に育ってほしいと願わない親はいません。子供の元気な笑い声は、それだけで家庭に幸せをもたらすものです。

「子供の病気は親からなおせ」――これは私が昭和三九年、北大医学部を卒業後、一年間のインターンを終え、大学院学生として小児科学教室に入局したとき、先輩の医師から言われた言葉です。医師免許証はもらったけれども何の経験もない私は、なんて無茶なことを言うんだろうと思いました。しかし五〇余年経過した今、この言葉はまさに至言だと感服しています。

その意味は、子供が病気になるかならないか、また病気になった場合には、軽くすむのか、重症になってしまうのか、それは親の人生観、したがって日常の生活態度と密接な関係があるということなのです。

真剣な育児姿勢が大切

そうすると話はさかのぼって、そもそも育児を開始したとき、親はどんな育児目標を立て、どんな決心と覚悟をしたか、これが問題になります。

近ごろ私の病院を訪れる母子を見ると、子供が子供を育てているような感じを受ける場合が多いのですが、それは4項で述べた「子育て三つの問い」について考えてみたことのない人が多くなったからだと思います。

一、子供は誰のものか

二、何のために子供を育てるのか

三、どんな大人になってほしいのか

私たちは親になったら、これら三つの問いに対して常に真剣に考えていなければなりません。もちろん明快な答は、すぐには出ないでしょうし、また何とおりもあるでしょう。だから大切なことは「その答」ももちろんですが、そのことを「常に真剣に考えている」という育児姿勢なのです。

躾と健康管理は表裏一体

これは言い換えると、親が自分の人生観を形成していくための努力をすることなので、直接的に躾のやり方につながっていくし、同時に健康管理と連動しています。故に、子供の躾と健康管理とは表裏一体なのです。

ここに、子供が病気になっても積極的にはなおそうとしない、と決めた親がいるとしましょう。その親は子供を病院へ連れては行かないでしょうし、薬を買って飲ませることもしないでしょう。子供の運命は親の方針に大きく左右されることになります。子供が生きのびるか、死亡するか、それは偏《ひとえ》に本人の生命力と運にかかってしまうわけです。

以前、交通事故で重傷を負った自分の子供に、信仰上の理由から輸血を拒否し、結局その子供は死亡した事件がありましたが、これなどはその好例でしょう。

「子は親の後ろ姿で育つ」とか、「子は親の言うとおりにはしないが、するとおりにする」などと言われますが、これらの言葉を子供の健康管理の面から見ると、子供の病気は親からなおせ、ということになるのです。

98　病気も親と子の生活の一部

実例をひとつ。

その夜の当直医は若い外科医でした。午前零時を過ぎたころ、十九歳になる女性が激しい腹痛を訴えて母親とともに夜間の外来を訪れました。

当直の医師は女性のその時の症状や、痛みだした時の様子から、子宮外妊娠だろうと考えました。そこで医師は、その女性に妊娠している可能性があるかどうかをたずねたのです。

すると、そばについていた母親が、

「失礼なことを聞く」

と言って烈火のごとく怒り、当直医をやぶ医者よばわりして、娘を連れてさっさと帰ってしまいました。

四時間後、その女性は意識不明の状態になって他の病院へ運ばれたのですが、その時はもう間に合いませんでした。子宮外妊娠で卵管が破裂して、自分のおなかの中に大量の出血をおこしたのが死因でした。

親の人生観と子の病気

この女性を死に至らしめたものは何でしょう。

もちろん死因が死因ですから、妊娠したことに原因があるとも言えますが、そうでしょうか。もし、最初に診察を受けた医師の指示に従っていれば、きっと命は落とさずにすんだはずなのです。

とすれば、原因は母親にあると言わないわけにはいきません。母親が娘の健康よりも自分の体面を優先させたことが、とり返しのつかない結果を招いてしまったのです。

「うっかりに本心が出る」とよく言います。この母親の場合もそうです。すなわち、この母親が二〇年前にこの娘を妊娠、出産し、そうして娘が死亡するまでの一九年間、どんな考えのもとで娘を育ててきたかという､すべての結果が一瞬のうちに出たのです。言い換えれば、「子供は誰のものか」、「何のために子供を育てるのか」、「どんな大人になってほしいのか」という、育児の上での重要な三つの問いに対して、この母親がどう考えていたのか。その結論が出たのです。

私は日常の診療を通じてつくづく思い知らされるのですが、親の人生観、したがってそれからくる子育ての目標というものが、あまりにも直接的に子供の健康を左右する事実を目のあたりにしていると､病気の具体的､実際的な説明に入るまえに､どうしても｢育児の上の三つの問い」について、もう一度読者のみなさんと考えておかなくてはならなかったのです。何故なら、「病気も親と子の生活の一部」だからです。

事実、この三つの問いに真剣に取り組んでいる家庭の子供は、病気になりづらいし、病気になった場合でも回復が早いのです。

99　子供の主な死因

子供の病気に対する心構えとして読者の皆さんにまず知っておいてほしいのは、ケガで大出血をおこしたとか、大ヤケドを負ったなどという場合でないかぎり、いわゆる内

表2　死因順位

順位／年齢	第1位	第2位	第3位	第4位	第5位
＜1	先天奇形 染色体異常	周産期特異的 呼吸障害等	乳幼児突然 死症候群	不慮の事故	胎児・新生児 の出血性障害
1～4	先天奇形 染色体異常	不慮の事故	悪性新生物	心疾患	肺炎
5～9	不慮の事故	悪性新生物	先天奇形 染色体異常	その他の新 生物	肺炎
10～14	悪性新生物	不慮の事故	自殺	心疾患	脳血管疾患 肺炎

日本子ども資料年鑑　2014版より（一部省略）

科的な病気では、子供だとはいっても、そう簡単には死なないということです。

〈表2〉は平成二四年の調査結果です。ご覧になれば一目瞭然ですが、以下に主なものについて少し説明します。

まず一歳未満を見てみましょう。第一位は、先天奇形と染色体異常です。これらは生まれつきの致命的な異常です。第二位は、出産の前後に特異的におこる呼吸障害などです。

これら二つについては、赤ちゃんが家庭での生活を始める前に死亡する場合が多いので、一位と二位の死因については、親にとっては注意のしようのない、どうすることもできないものです。第三位の突然死も親にとっては手のほどこしようがありません。

第四位は不慮の事故です。これは年齢が増すにつれて順位が上がっていきますが、どんな事情があったにせよ親の責任は重大です。

私もこれまでいくつもの不慮の事故を扱いましたが、それらのほとんどすべてが、「そのとき親がもう少し注意していたら、この子は死なずにすんだものを」、という例ばかりです。読んで字のごとく不慮の事故ですから、それは防ぎようがないと思われるかもしれませんが、よく事情を聞いてみるとそうではなく、防ぐことができたと思われる例のほうが多いのです。第五位は出血による死亡。

次は一〜四歳。第三位が悪性新生物です。これは「質《たち》の悪い、もともと人間の身体にはなかった、新しいできもの」という意味です。この中には、「癌腫《がんしゅ》」と、「肉腫」とがあるのですが、一般には小児ガンなどと言われているとおり、悪性新生物とはガンのことだと思っていいでしょう。

子供が悪性新生物で死亡した場合、症状の発見が早かったか遅かったかという点で親の注意力が問われることもありますが、親の注意力や育児に対する考え方のせいで悪性新生物が発生することはないのですから、予防することはできません。つまり、子供に悪性新生物が発生しても、それは親の責任ではないということです。

第四位は心疾患、第五位に肺炎、これらは特に説明を要さないでしょう。

100　病気で死ぬ子は少ない

子供が一四歳になるまでの主な死因について見てきましたが、その特徴を一言で言うと、死因の第四位までは健康な子供の病死の原因ではないということです。

ただ、一〜九歳の死因の第五位は肺炎ですが、この場合は親の注意力とか、育児に対する考え方などが問題になることがあります。というのは、前日までまったく健康だった子供が、その日になって突然肺炎になったということはおこらないからです。

肺炎になる場合は、そうなる前に必ず鼻炎とか、咽頭炎とか、扁桃炎《へんとうえん》などの上気道炎があって、その後、その病原菌がさらに奥へ入り、肺胞《はいほう》にまで侵入し、その結果肺炎になるのです。

だから、それが原因で死ぬほどの重症肺炎になるまでには、かなりの日数を要するのです。もちろん時には一日で肺炎になってしまったという場合もないわけではありませんが、その翌日に死亡するほど一日のうちに悪化するということは、同時に免疫不全でもないかぎり、おこらないのです。同様に他の病気の場合でも、その日の夕方までいつもと変わらずに元気に遊んでいた子供が、夜になって突然発症し、容態があれよあれよ

表３　不慮の事故の内訳

年齢＼順位	第１位	第２位	第３位	第４位	第５位
＜１	窒息	溺死	その他	転倒・転落	交通事故
１～４	交通事故	溺死	窒息	転倒・転落	煙、火、火災
５～９	交通事故	溺死	煙、火、火災	窒息	転倒・転落
10 ～ 14	交通事故	溺死	転倒・転落	煙、火、火災	その他

日本子ども資料年鑑　2014 版より（一部省略）

という間に悪化して、翌朝には死亡してしまった、などというのはほとんどおこらないことなのです。

これらを総合して言えば、「病気で死ぬ子は少ない」ということになります。

症状を見分けてあわてない

子供の健康管理のことに入るにあたって、主要死因順位の説明から始めたのは、〈表２〉の示している意味をしっかりと理解して、不慮の事故でないかぎり、けっしてあわてることはないのだということを知ってほしかったからです。したがって、ふつうみんなが知っている内科的な病気の場合には、

・明日まで病院に行かなくても大丈夫なのか

・今すぐ病院へ行かなければならないのか

この二つを見分けることができればいいわけ

です。

子供の病気に対する心構えの基本は保護者である親が些細《ささい》なことで心配したり、すぐ冷静さを失ったりしてはいけないということです。

不慮の事故の内訳は〈表3〉の通りです。「窒息」の原因は、食物（苺、ぶどう、豆類）、硬貨、その他です。

101 病気に立ち向かおう

自分の子供は一度も病気にならないで、カゼをひくことすらなく成長してほしいと願うのは、親としては当然のことではあるのですが、現実にはこの願望は叶《かな》わないことです。

医師の中にまで「カゼをひかせないようにしなさい」などと言う人がいますが、こんな無茶な話はありません。こういうのを無理難題というのです。無理難題は人を困らせるものです。「カゼをひかせないようにしなさい」と言われた母親は、当然のことながら困惑して、どうすればいいのかわからなくなってしまいます。

「一ヶ月未満はカゼをひかない」は迷信

ここで読者の皆さんに、特に注意を喚起《かんき》しておきたいことがあります。それは、新生児（生後二週間まで）あるいは一ヶ月未満の赤ちゃんはカゼをひかない、と思い込んでいるお母さんが非常に多いことです。

しかしこれは重大な誤り、放置できない迷信です。一ヶ月未満でもカゼはひきます。一ヶ月未満の赤ちゃんはカゼをひかないと思い込んでいたばっかりに、軽い咳、鼻汁が出る程度のうちに病院へ連れて行かず、そのうちにお乳をさっぱり飲まなくなったので受診してみたら重症の肺炎になっていて、そのことを知らされて目の前が真っ暗になった、――こういう例を私はたくさん知っています。

一ヶ月未満の肺炎は発熱のない場合もあるし、咳も多いとはかぎらず、はっきり出る症状は呼吸数が多くなることと、お乳をあまり飲まなくなったということぐらいなので、重症になってから来院する場合が多く、したがってなかなかなおりづらいのです。

だから医師のほうから言えば、一ヶ月未満のカゼこそ要注意なのです。

加えてもう一つ。母乳を飲んでいるとカゼをひかないと思っている人がいますが、これも間違いです。

注意しても病気になる時はなる

先述したように宇宙で生活するか、あるいはカプセルに入って外界からまったく隔絶された環境で生活するのでもないかぎり、この地上で「カゼをひかないようにしなさい」と言うのは、「呼吸《イキ》もするな、メシも食うな」と言うのと同じです。

このように、育児の途中で子供が病気になるのはほとんど避けられないことなのですから、親は病気を単にこわがってばかりいないで、病気に対するしっかりした心構えを持っていなくてはなりません。

まず最初に、必要以上の責任を感じるのは、かえってよくありません。だから「いかに十分に注意をして生活していても、それでも病気になることもある。これは仕方のないことだ」——この気持を忘れないこと。

そうして運悪く子供が病気になってしまったら、その時は病気が早くなおるように、「親として病気に立ち向かっていく気概」を持たなくてはなりません。このことが病気に対する心構えの土台であり、一番大事な点です。

102　治療は病気との戦い

私は病気の治療にあたるときはいつも、医師と保護者（ふつうは母親）と病気になった子供、この三者が一致協力して共通の敵である病気と戦《いくさ》をするのだ、という気持になり

図10　病気をなおす力

病気をなおす力 ＝ 子どもの体力 × 親の育児能力 × 医師の能力

病気をなおす力 ＞ 病気の勢い　……　なおる

病気をなおす力 ＝ 病気の勢い　……　よくならない

病気をなおす力 ＜ 病気の勢い　……　死　ぬ

ます。そうするとこの戦に勝つためには、医師、保護者、病気の子供、この三者の戦う力を、まず知らなければなりません。

病気をなおす力

私たち三者の戦力とは、

「子供の体力」

「親の育児能力」

「医師の能力」

この三つをかけたもので、これが「病気をなおす力」となります。

病気の勢いと病気をなおす力との、どちらが強いかでその時の病気がなおるかどうかが決まります〈図10〉。

なお「病気をなおす力」の右辺が＋（加える）ではなく、×（掛ける）になっている点に注意してください。

子供、親、医師の三者の力のうち、どれかが極端に弱ければ、全体の力はその極端に弱いところに大きく左右され、0《ゼロ》

に近くなってしまうので、＋ではなく×なのです。

本当によくあることなのですが、次のような場合について考えてみてください。

最初に診察した時、病気はそれほど重くなかったので、「薬を飲んで二日も安静にしていればなおるから、明日は幼稚園を休んで家で寝かせておくこと」、という約束をして帰った母親が、二日後、「私は休ませようと思ったのですが、この子がどうしても幼稚園に行くと言ってきかないものですから…」などと言いわけをしながら、しかも自分の責任を子供になすりつけて、病気が重くなってしまった子供を連れて来られると、私たち小児科医は、病気という共通の敵に対して味方であるはずの母親の、怠慢とも裏切りともいえる行為に、がっかりしてしまうのです。

このようなときは、「病気をなおす力」はほとんど0《ゼロ》になってしまいます。

またもちろん、子供に重大な基礎疾患があって極端に病気に対する抵抗力が低い場合、あるいは医師がひどいヤブの場合、いずれも「病気をなおす力」は0《ゼロ》に近づきます。

103　不慮の事故の防止策

不慮の事故は五歳から九歳までの死亡原因の第一位であり〈表2〉、同時にこればかりは誰のせいでもない、親の責任です。こんなことで幼い生命を失わせては、子供に対しても先祖に対しても申し訳が立ちません。

子供が貯水池に落ちて溺死した場合など、持ち主の管理が悪いとか、市町村の指導が至らないとかいう理由で訴訟を起こすのが当節流行のようですが、かりに訴訟に勝ったとしても、親の腹いせにはなるかもしれませんが死んだ子供と先祖に対する責任は免れ得るものではありません。

不慮の事故の内訳としては、火災、溺死、交通事故、転落、窒息などがあげられます。これらは一見どうやっても防ぎようのないもののように思われますが、しかし、親がもっと細心の注意を払っていれば未然に防ぐことができたのではないか、と言える場合も少なくないのです。

私も四人の子供を育ててきましたが、どの子供がケガをした時も、その時は必ず、いつものとおりのハンで押したような生活とは、ほんの少し何か違うことを両親がしている時ばかりでした。

それは休日で両親とも朝寝坊をしていた時だったり、引っ越しの最中だったり、来客で話に夢中になっていた時だったり、あとになって考えてみると、本当に一瞬の気のゆるみの間に子供はちゃんとケガをしてしまっていました。

また浴槽に子供が落ちて、母親が血相を変えて子供を抱いて外来に飛び込んで来た、という例を私は何度も経験していますが（来たときにはすでに死亡していたという、かわいそうな例もあります）、問診で聞いてみると、どの場合も親がふだんとは少し違うことをしていた時なのです。

子育ての最中は本当に一寸一刻も子供の事故のことを忘れてはいけません。中でも特に注意しなければならないのは、来客の時、または子供を連れて友人の家へ行った時です。親は楽しく話がしたいために、あるいは客に気をつかって、「うるさいから、ちょっとあっちへ行ってなさい」というようなことをやりがちです。こういう時が危ないのです。

子供は親の友達に相手をしてもらいたいものです。それを追い払われると、〝つまんないなぁ〟という気持になって、ふだんはやったことのない、とっぴなことをやらかすのです。

また、四歳から六歳ぐらいの少し年長になっている子供は、来客の時は少しぐらいのいたずらでは叱られないことを知っているので、これは絶好のチャンスとばかり、ふだん親から禁止されていることをやってみる気になるものです。

子育ての最中は、毎日毎日ハンで押したような生活をしなさいと、うるさいほど私が言うのがよくおわかりのことと思います。

気道異物

これは硬貨とか、豆とか、タイピンなどが気道（喉《のど》、気管、気管支）の中にひっかかった状態をいいます。食道や胃の中に百円硬貨などがひっかかったとしても（消化管異物）、すぐ生命にかかわる事態にはなりませんが、気道のほうへ行った場合（気道異物）には、あっという間に窒息死という事態もおこりえます。

現在の五円、五十円硬貨は真ん中に孔《あな》があいています。この形の硬貨ならば、それが気道異物となったとしても、この孔を空気が通過するので、窒息死をまぬがれた場合がこれまでもかなりあったことでしょう。日本の硬貨の孔は紐でお金を通すためだけではなく、子供の窒息死を予防するためにあけたのではないかと私は勝手に思っています。そうだとすると、なんと素晴らしい知恵でしょう。

さて、異物誤飲を最もおこしやすい年齢は一歳です。

この時期の子供は何でもかんでも手当たり次第、口へ持っていきます。その上、ちょうど歩き始める時期でもあるので、たとえばピーナッツなんかを口の中に入れたまま歩いている時、何かにつまずいて転んだりすると、転倒する瞬間というものはハッと息を吸い込むので、この瞬間にピーナッツが気管のほうへ行ってしまうのです。

気道内に異物がひっかかって気道がふさがれると、子供は見る見る呼吸困難をおこし、顔が紫色になります。この時は子供を逆さまにぶらさげて背中を叩《たた》き、吸い込んだものを出させます。もちろん同時に救急車を呼ぶこと。

私の末の娘も一歳のとき、苺《いちご》をほおばって歩いていて転倒し、苺が気道をふさいで呼吸困難をおこしたことがあります。私の目の前でおこったことだったのですぐ対応できましたが、少しのところで大事に至るところでした。

ピーナッツは子供にとって危険な豆

私たちのまわりには異物となり得るものはいくらでもあるのですが、統計上、わが国でおこる異物誤飲は、硬貨とピーナッツの場合が圧倒的に多いのです。

特にピーナッツは気管支まで行ってひっかかると、それが小さな破片の場合には急な呼吸困難はおこりませんが、何日か後になって、今度は「ピーナッツ肺炎」という特殊な肺炎をおこしてきます。この肺炎はとてもなおりづらく、これが原因で片方の肺がダメになってしまうこともあります。したがってピーナッツは、子供にとってまったく不要な豆であり、危険な豆です。ピーナッツは子供にとって毒だと思ってください。

ピーナッツを食べなければ摂れない栄養はないので、安全を考えるならば、子供が小学校へ行くまではピーナッツを食べさせるべきではありません。

104　病気のとらえ方

私たちの身体の運営は発育も成長も、食欲も性欲も、発熱も睡眠も、体温を一定に保っているのも、すべてが自動調節になっています（24項参照）。

自動調節は何かの理由でうまく働かなくなることがあり、その原因は身体の中にある場合と、外部から何かが入り込んだ場合とがあります。

私たちの身体は身体の中へ入れても差し支えないものと、入られては困るものとをいつも識別しており、入れられないものに出会うと、直ちにそれを殺すか追い出すかしてしまいます。その作業は毎分毎秒、絶え間なくやっています。この仕組みを免疫機構《めんえききこう》と言い、これによって身体を防御しているのです。

入られては困るものをうっかり入れてしまったり、中にあっては困るものが身体の中で発生しているのに、つい見逃してしまったりすると自動調節の一部が働かなくなる、すなわち病気になります。麻疹《ましん》や水痘《みずぼうそう》など、感染症といわれるものが前者であり、癌が後者の好例です。

アレルギー反応について

ここで両者にまたがっているアレルギーについて少し説明いたします。アレルギー疾患の主なものとしては気管支喘息、アレルギー性鼻炎、アレルギー性結膜炎、アトピー性皮膚炎、食物アレルギーなどがあります。アレルギーをおこす原因となるものをアレルゲンと言い、その数は無数ですが代表的なものとしては花粉、家のゴミ、卵、牛乳、小麦、大豆、ソバ、イヌやネコの毛などがあります。

アレルゲンが身体に入ってきても、つまり鼻や眼や気管支や胃腸の粘膜にくっついても、ふつうの人にとっては別に困るものではありません。何故なら、これらのものは何万年も昔から人間と共存してきたものばかりだからです。

ところが中には「こんなものが身体に入るのは断じて許せん」と、ヒステリックに過剰防衛をする免疫機構を持った人がいます。そうして少しでも入ってくると、病的な反応をおこして身体の外に追い出そうとします。この異常な免疫反応をアレルギーと言います。

いずれにしても、自動調節の一部がうまく作動しなくなった状態を病気と言います。「自動」がうまく働かなくなったのですから、その欠落部分を「他動」または「手動」で補わなくてはなりません。この他動または手動に当たる行為を「治療」と言います。

したがって治療というのは、あくまでも病気になっている子供本人が自分の力でなおっていく、その手助けをすることなのです。ただし、これはあくまでも内科的な治療の場合についてです。癌を切除したり、切断された指を縫い合わせるなどという外科的な治療は、もっと積極的な意味があります。

また、自動調節のすべてが働かなくなった場合は、これを「死亡」と言います。

105 発熱は対抗手段

子供は大人にくらべて抵抗力が弱いので、病原微生物から見れば絶好の餌食です。子供のノドとか、気管とか、腸などにくっついた病原微生物はそこを生活の場として自分も生き、子孫もふやそうとします。子供にとってみればそんなことをされては大変なので、その病原微生物を殺すか、身体の外へ追い出すかしなくてはなりません。

とは言っても、そんなにたくさんいい方法があるわけではありません。敵は体温を持っていない生物、こちらは定温動物ですから、子供にとりあえずできることと言ったら、せいぜい自分の体温を上げるか下げるかするぐらいしか方法はないのです。

発熱の目的と意味

病原微生物は人間の体内で生活するのですから、彼らは自分の一番生活しやすい温度を人間の平均体温に合わせてあるのです。すなわち三七度（ただしこれは直腸温）です。

だったら、この三七度という温度から、体温を上げるか、下げるかすればいいわけです。しかし一〇度も二〇度も上げたり下げたりすることはできません。目いっぱい動かしたとしても、せいぜい三七度プラス・マイナス三度ぐらいが限度です。

では三七度から三度下げて、体温を三四度にしたらどうでしょう。もしこれができるのなら、体温を上げるよりは効果があるかも知れません。しかし残念ながら、これはできない相談なのです。子供の体温を三四度にしたらどうなるかというと、麻酔をかけられたのと同じ状態になって、意識は朦朧《もうろう》となり、心臓もまともに動くことができなくなってしまい、病原微生物を追い出すどころか、当の本人が先に参ってしまいます。これでは話になりません。体温を下げることによって病原微生物を身体から追い出すことは不可能なのです。

ならば体温を上げるしかありません。三七度から三度上げて、四〇度にしたらどうでしょう。これならば本人は参ることなく、病原微生物に打撃を加えることができます。

「急に熱が出てきた」と言って驚き、あわてる母親がたくさんいます。しかし子供の発熱をこのように受けとめてはいけません。「急に熱が出てきた」ことには違いないのですが、その意味は、その子にとって「急に熱を出さなければならないワケがあった」

のです。

子供はとりあえず高熱を出して反撃し、同時に親に向かって狙われたことを知らせるのです。このように、子供は大人と違って、急に多量の熱を必要とする場合が多くあるのです（87項参照）。

もっとも、時には熱が上がるのが急すぎて、自分の作り出した熱にびっくりして「ひきつけ」をおこした、などというドジなことをやる場合もあります（熱性けいれん）。しかしこれは本当に単にドジなのであって、心配することはありません。

106　発熱に対する心構え

「四、五日前から鼻汁と咳があって、時々熱を出していたのですが、坐薬を使うとすぐ熱が下がって元気になるので様子を見ていたら、今日になって坐薬を入れても熱が下がらないばかりか、食欲も元気もなくなってしまったのです」

その子供は不安そうな表情で生気がなく、ぐったりとしています。胸に聴診器を当てて聴くと、肺炎を思わせる呼吸音が聴こえます。胸のレントゲン写真を撮ってみると、やはり重症の肺炎になっていました。――これは私の外来でよくある場面です。ここで、この子供が肺炎にまで至ってしまった経過をふり返ってみましょう。

四、五日前、この子供のノドに肺炎をおこすような病原菌がくっつきました。子供の身体はすぐさまこれに対抗し、鼻汁や咳を出してその菌を追い出そうとする一方、自分の体温を上昇させて、つまり発熱して菌が住みづらいようにしようとしたのです。ところがそのとき解熱剤の坐薬を入れられたので、身体は熱を作ろうにも作れない状態にされてしまいました。すなわち熱は下がったのです。

平熱になったので子供は元気を取り戻し、本当は安静にしていなければならないのに、跳びまわって身体が疲れました。病原菌のほうも自分の一番住みやすい体温に戻ったので活動しやすくなり、ノドから気管、さらに気管支へと勢力をのばしていきました。

しばらくすると坐薬の効力がなくなってきました。子供の身体は今度こそ病原菌を追い出してやろうと、一所懸命に熱を作り始めました。すなわち、また発熱したのです。もちろん病気の状態は以前より悪くなっています。

そこへまた坐薬が入れられました。子供の身体はまたも熱を作り出すことができなくされました。熱は再び下がったのです。このとき「シメタッ」と言ったのは誰でしょう。もちろん病原菌です。子供の体温が再び平熱になったので、病原菌はこのチャンスを逃がさず気管支からさらに奥深く、肺胞にまで侵入していったのです。そうして肺炎が完成しました。

病原菌に手助けしたのは母親だった

この四、五日間、母親がしてやったことは、子供のためになったのでしょうか。残念ながら母親の気持とは裏はらに、単に熱を下げることだけをくり返したのは、病原菌を子供の身体の奥深く侵入させる手助けをしたことになったのです。

ときには「解熱剤だけで病気がなおった」ように見えることもあります。しかしその時は解熱剤の力でなおったのではなく、解熱剤を使おうが使うまいが、子供は自分の力だけで病原菌に打ち勝ったのです。これでおわかりと思います。熱を下げることと、病気をなおすこととは無関係なのです。感染症で発熱している場合、その熱のために子供が苦しくないかぎり、熱を下げる必要はありません。

子供の発熱は心配ない

子供をサウナ風呂に入れたとか、真夏の炎天下に閉めきった自動車の中に放置したとか、こういう外部から加えられた熱はもちろん子供にとって害になります。

しかし子供が自分で熱をつくり出して発熱した場合は、熱を出さなければならない理由があって発熱しているのですから、本人にとってその熱が害になるはずがありません。

だから子供の出すいろいろな症状のうち、親が一番驚き、恐れ、心配する発熱という症状は、実は一番安心できる症状なのです。発熱することができるということは体力がある証拠なのですから、〝この子は病原菌と雄々しく闘っているぞ〟と思って、やさしく見守ってやればいいのです。

「日中は元気に遊んでいた子供が、夕方とか夜になって突然発熱した」――これはよくあることです。しかし、「高い熱が出ている割には平気な顔をしているし、元気もよく、熱以外に他の症状はない」という状態ならば、熱を下げる必要はありません。

「こんなに高い熱が続くと、頭にのぼって脳膜炎にならないでしょうか…」――よく聞く言葉です。いつの時代から言われているのか知りませんが、「高い熱が続いたので、それが頭にのぼって脳膜炎をおこしたのだ」などという、馬鹿げた説明をした医者がいたのでしょう。そのためにこれがずっと言い伝えられ、現代でもそう思っている人がとても多いのです。このことも発熱に対して過度の恐怖心をいだかせる大きな原因となっています。

医学上では脳膜炎とは言いません。髄膜炎《ずいまくえん》というのが正しいのですが、高い熱がいくら長く続いても、その熱が原因となって髄膜炎をおこすということはないのです。どうか安心してください。ただし、髄膜炎になれば熱は出ます。しかしこれは髄膜炎になった結果、熱が出たのであって、熱が髄膜炎の原因になったのではありません。

知恵熱

発熱に関する言葉で『知恵熱』というのがあります。これは「子供が発熱しても、そんなに心配することも、あわてることもないのだよ」という意味を暗に示している、とてもいい言葉です。

もちろん子供の身体には知恵熱などという熱を発生させる仕組みはありません。知恵がつくたびに発熱していたのでは、子供はたまったものではありません。しかし経験の浅い母親が子供の発熱に驚き、うろたえている時、「それは知恵熱さ、心配ない」と言われたら、〝本当かしら〟とは思っても、やはり安心するし、動揺は静まるのです。

これまで発熱は心配ないと申してきましたが、これは今日発熱したのなら、明日の朝まで病院へ行くのを待ってもいい、という意味で言っています。もちろん何日も放っておいてはいけません。

解熱剤はタイミングが大事

発熱のために子供が苦しがっている時には、翌朝病院へ連れていくまでの間、解熱剤（飲み薬、坐薬）を使って熱を下げ、楽にしてやるのはいいことです。ただしこれはあくまでも病気をなおすこととは関係がなく、単にその時の苦しさをやわらげてやるだけのことですから、熱が下がって元気が出ても翌日は必ず医師に診察してもらうようにしま

しょう。したがって解熱剤は

一、できるだけ昼間には使わない

二、夜間でも、眠れたら使わない

解熱剤を使う時のタイミングですが、「発熱と同時に使う」のはあまりよくないのです。というのは子供の場合、特に乳児で月齢が小さければ小さいほど、これからさらに熱を上げようとしている途中で解熱剤を使われて、熱の上昇を止められると、かえって本人は気分が悪くなるからです。だから発熱し始めてすぐ解熱剤を使った場合、熱は下がったのに機嫌が悪くなったということがよくあります。

子供は発熱し始めると、まず寒けがきたり、ガタガタふるえたりします。この時は熱が上昇中です。この時期に解熱剤を飲ませたり、坐薬を入れたりしてはいけません。この間はむしろ温めてやって、早く熱が出きってしまうように、発熱を手伝ってやるのです。

たんぜんや毛布にくるんで、時には電気毛布や湯タンポを使って身体を温めてやると、熱はどんどん上昇し、しばらくすると（だいたい二〇～三〇分）、もうこれ以上熱は上がらないというところへ到達します。

熱が最高点に達したのをどうやって見分けるかというと、寒けやふるえが止まり、言葉を言える年齢の子供ならば「暑い暑い」と言うし、言葉を言えない赤ちゃんならば、顔を真っ赤にして、フーフーと息づかいが荒くなります。いずれにしても、そんなに難しいことではありません。

このような状態になったら、それは熱が上がりきった時です。そうしたら身体を温めるのをやめます。電気毛布や湯タンポを使っていたら、もちろんそれらは中止します。そしてそのまま静かに寝かせて、一〇分から三〇分ぐらい様子を見ましょう。そのままスヤスヤと眠ってしまったら、熱が高い状態であっても熱を下げる必要はありません。

熱が上がりきって三〇分以上たっても、「暑い暑い」、「頭が痛い」、「目の奥がチカチカする」などと言ったり、赤ちゃんの場合、息づかいが荒くて苦しそうだったり、機嫌が悪くて泣いてばかりいるようならば、この時になってようやく解熱剤を飲ませるか坐薬を使うかするのです。

氷枕や水枕の使い方も解熱剤の使い方と同じです。これらを使う場合も、もし子供が嫌がったら使う必要はありません。赤ちゃんの場合、気持が良さそうかどうかをよく観察することが大事です。

107 いろいろな症状の受けとめ方

熱性けいれん（ひきつけ）

発熱に続いて、あるいは同時に、けいれん（ひきつけ）をおこすことがよくあります。だいたい三歳未満までで、これを「熱性けいれん」と言います。熱性けいれんは、ふつう一分から二分ぐらい、いくら長くても一〇分以内におさまります。

熱性けいれんは、子供は体温の自動調節の仕組みがまだ強固でないために、急いで熱をつくり出したのだけれども、自分でつくり出した熱なのに、それにびっくりしておこるドジな反応なのですから、なにも驚くことはないし、あわてることもありません。もちろん病院へ行くのは翌日で十分です。

熱性けいれんがおこったら、あわてずに次の順序で手当てをしましょう。

一、身体も顔も横むきにして寝かせる（あおむけで寝かせておくと、吐いたときに、その吐物を吸いこむおそれがある）。

二、頭を冷やす。

三、その日、便が出ていなければ浣腸《かんちょう》をして便を出す。

四、解熱剤の坐薬を入れる（熱は、けいれんの後に上がって来ることもあるので注意）。
五、けいれんが始まってから、何分でおさまったか、時計を見て覚えておくこと。
六、口の中に指や物を入れて口をこじ開けるのは無意味なので、こういうことはしないこと（舌をかむ、というのは迷信）。

こうしているうちに、熱性けいれんならば必ずおさまります。

子供の眼は開きっぱなしで、唇の色は紫になり、身体が棒のように硬くなったあと、ガクン、ガクンと、けいれんが始まるので、「驚くな」と言うほうが無理かもしれませんが、何日も続くようなけいれんでないかぎり、けいれんそのものが原因となって死亡することはないので、けっしてあわてないこと。これが大切です。

熱性けいれん以外のけいれんは…

三歳未満の子供では熱性けいれんが圧倒的に多いのですが、しかし他に病気があって、その病気の症状としてけいれんがおこってくる場合もあります。特に三歳を過ぎた子供のけいれんは要注意です。

そこで、次のようなけいれんの場合は、夜中でも病院へ行かなければなりません。

一、一〇分以上たってもけいれんがおさまらない場合
二、激しい嘔吐《おうと》とともにおこったけいれん

三、激しい嘔吐が先にあって、それに引き続いておこったけいれん
四、けいれんがおこったあと、激しい嘔吐がある場合
五、大量の下痢とともにおこったけいれん
六、大量の下痢が先にあって、それに引き続いてけいれんがおこった場合、または、この逆の場合

呼吸困難

呼吸困難とは、簡単にいえば息をするのがとても苦しい状態のことです。夕方から夜になって突然おこった呼吸困難で、その夜のうちに病院へ行かなければならない場合を次にあげてみましょう。

一、気道内に異物を吸い込んだ場合
二、唇や爪の色が紫になって、苦しそうな息をしている場合
三、顔の色が青白くなり、口と鼻のまわりが白っぽくなって、眼は一点を見つめるような顔つきで、ゼーゼーという音がして肩で息をしているように見える場合
四、生まれつきの心臓の病気のある子供が、右の二、三の状態になったとき
五、喘息発作がおさまらないとき
六、息を吸う時、空気が通らない感じで、声が出なくなり咳《せき》をすると、ノドのどこか

が破れたような音がするとき

咳の仕方

咳をする時、口に手を当てるように躾をするお母さんがたくさんいます。これはお作法としてはいいことなのですが、子供があまり小さいうちから教えると、都合の悪いことがおこる場合があります。それは中耳炎です。

咳とは、気道内にある邪魔な物、たとえばゴミ、煙、痰《たん》、食物などを激しい空気の流れによって身体の外へ吹き飛ばすためにおこる反射です。したがって咳で出てくる空気の風速、風圧は非常に大きいものです。

一方、私たちの耳の穴は鼓膜でふさがっており、鼓膜より奥のほう、ここを中耳といいますが、中耳は耳管というクダで喉《のど》とつながっています。この構造によって気圧が変化しても、鼓膜が出っぱったり、へこんだりしないようになっています。

さて三歳ぐらいの子供に、咳をするときは口に手を当てるように言うと、ほとんどの子供は手の平を鼻と口に密着させて咳をします。

咳で出てくる空気の速度は非常に速く、口に当てた手が前へ押し出されるぐらいです。この瞬間、子供の口の中には強い圧力がかかり、出てきた空気の一部は耳管を通って中耳のほうへ行ってしまいます。このときにバイキンも一緒に中耳に飛び込み、それで中耳炎がおこることがあるのです。

口に手を当てて咳をする時は、当てるというよりはかざすようにしましょう。鼻や口から五センチぐらいはなれたところに手をかざすのがいいのです。

しかしこれは三歳ぐらいの子供にはまだできません。だから小学校へ行くまでは、口に手を当てることは教えないほうが無難です。それまでは、人のいないほうを向いて口を大きくあけて咳をするように教えるといいのです。また、口を閉じたまま咳をする子供がいますが、これも同じ理由からやってはいけません。

下痢

一般的にいって、子供は年齢が小さければ小さいほど下痢をおこしやすいものです。下痢の原因となるもの、または下痢をおこす病気はたくさんありますが、ここではその日の夕方または夜になってから始まった下痢のうち、その夜のうちに病院へ行かなければならない場合をあげてみましょう。

なお、下痢だけで他に症状がない場合は翌日で十分です。
一、大量の下痢と、同時に高い熱がある場合
二、下痢と嘔吐《おうと》が同時に、または前後しておこった場合
三、大量の下痢がおこって、その後、急に元気がなくなった場合（たとえば、名前を呼

んでも、すぐには返事ができない、または名前を呼んでも反応しない）

四、大量の血液が混じった下痢（血液そのものが便として出たという感じ）

五、六ヶ月～三歳の子供で、突然激しく泣き出し、顔色が青白くなり、非常に不安そうな顔つきになったあと、血液の混じった便、または血液の付着した便が出た時（この場合は下痢便とはかぎらない）

六、家族全員が下痢になった場合

嘔吐

嘔吐も下痢と同じように、年齢が小さいほどおこしやすいものです。新生児などは身体を少しゆすっただけでも吐くことがあります。

子供のあらわすいろいろな症状の中で、嘔吐が最も要注意の症状です。

同じ消化管の症状でも下痢の場合は口から肛門《こうもん》へという、通常の方向へ内容物が流れていくので、その速度が少しぐらい速くなった（つまり下痢をおこした）としても、すぐには大きな問題はおこりません。

しかし嘔吐は逆流なので、何かと良くない場合が多いのです。

その日の夕方、または夜になってから始まった嘔吐で、その夜のうちに病院へ行かなければならない場合をあげてみると、おおむね次のようになります。

一、高い熱と頭痛がすでにあって、それに加えて嘔吐がおこってきた場合
二、下痢が続いていて、それに加えて嘔吐がおこってきた場合
三、下痢と嘔吐が同時に、または前後しておこった場合
四、けいれんと同時に、または前後しておこった嘔吐
五、六ヶ月～三歳の子供で、血液の混じった便、または血液の付着した便の排出があって、それと同時にまたは前後して、嘔吐がおこった場合
六、嘔吐したあと、意識を失った場合
七、激しい腹痛が同時にある嘔吐
八、家族全員に嘔吐がおこった場合

詐病《さびょう》

病気でないのに病気のふりをすることで、仮病《けびょう》ともいいます。これは子供の場合、夜中には絶対にやりません。したがって夜中におこった症状は全部本物です。また私の知るかぎり、小学校入学前の子供にはありません。

親が詐病だと思って来院した一例を紹介しましょう。

私の外来にときどき来るM子ちゃんという、四歳七ヶ月になる子がおりました。とても聡明《そうめい》で明るい性格の、主治医の私にとっても将来が楽しみな子でした。

その朝、M子ちゃんは「おなかが痛いので幼稚園に行きたくない。田下先生のところへ連れていってほしい」と言いました。そこでお母さんは幼稚園に電話をし、M子ちゃんがその日は休むことを伝えました。

しかし一時間ぐらいすると、M子ちゃんは食べたくないと言っていた朝ご飯を、いつものように食べ、おなかも痛いとは言わなくなりました。お母さんはこの時M子ちゃんは詐病だと思いました。しかし、もし本当に病気だったら困ると思い、病院へ連れて来たのだということでした。

診察をしてみるとM子ちゃんは扁桃炎《へんとうえん》をおこしており、熱も少し上がっていました。ではお母さんが幼稚園に連絡したあと、どうして急に元気になったのでしょう。M子ちゃんの心の動きを見てみましょう。

〝おなかが痛いので、このまま幼稚園に行けば、きっと熱が出たり頭が痛くなったり、からだの具合が悪くなりそうだ〟とM子ちゃんは感じていたのです。

ところが幼稚園を休むことに決まったので〝からだの具合が悪くなっても、お母さんのそばにいるのだから心配ない〟と思って安心したのです。それで食欲も出たのです。もちろん詐病なんかではありませんでしたね。

M子ちゃんの場合のような例はよくあるものです。こういう時「詐病じゃないの」とか、「幼稚園に行きたくないから、そんなことを言っているんでしょう」などとは、絶対に言ってはいけません。

こういうことを言うと、子供の心をひどく傷つけるのです。その上これらの言葉は子供に詐病の使い方をわざわざ教えることにもなり、しょっちゅう親が言うと、今度は本当に詐病を使う子になります。

学童以上になると詐病が出てきます。とはいっても小学校低学年では、あまりありません。小学校高学年から中学一、二年に多く見られます。

テストがあるとか、嫌いな授業があるとか、いじめられているとか、そういうときに詐病《さびょう》を使うものですが、親に対する不満が原因となっている場合も多いのです。

いずれにしても詐病が発覚したら頭ごなしに叱らないで、どうしてそんなことをする気になったのか、よく聞くことが大事です。

108　病気の時の食べ物

しつこい食事は与えないほうがいい

病気の時は子供にかぎらず誰でも食欲はないものです。自動調節の結果、身体は食べ物を要求していないのです。だから食べ物を無理強《じ》いしてはいけません。無理に食べさせて吐かれたら、何も与えなかった場合よりも病気は悪くなります。

さて、子供が病気の時の食べ物ですが、診《み》てもらっている医師から特別に指示されている場合には、それを忠実に実行すること。指示がないときは一般的にいって、肉料理、炒めもの、揚げものなどの、しつこい食事は与えないほうがいいのです。子供が食べたいと言っても、与えないほうが無難です。

実際にやってみればわかることですが、たとえばハンバーグとかカレーライスなどを、子供が食べたいと言ったからといって作ってやっても、いざ食べる段階になると、さっぱり食べなかったり、食べてもそのあと三〇分ぐらいたったら、みんな吐いてしまったりする場合が多いのです。

特に下痢をしている時には、子供の身体が水不足にならないようにすることを何よりも第一に心がけなければなりません。下痢になると、下痢便とともに水がどんどん体外へ出ていくので、その出ていった水の量に見合った分の水を補給しなければなりません。つまり、水を飲ませなさいということです。

飲ませる水は水道水で十分です。なにもわざわざ湯ざましにする必要はありません。ただし、井戸水や、川の水を飲用として使っているときは、湯ざましにしたほうが無難です。もちろん番茶でもいいし、麦茶でもいいのです。また、ジュースなどは水で割って二倍以上にうすめて飲ませること。また炭酸の入った、泡の立つ飲料はいけません。

これらの水分はどれくらい与えたらいいのかというと、それは子供が欲しがるだけ、本人が「もういらない」と言うまでです。

よく、水を与えるとその水が下痢となって出てくるのではないかと考える人がいますが、これは間違いです。下痢便として出てくる水は、その時飲んだ水ではなく、もともとその子の身体の中にあった水なのです。

この時、水のかわりに牛乳は与えてはいけません。牛乳を使ったスープなども与えないほうが無難です。

理由は、特にカゼにともなっておこっている下痢（感染性下痢）の場合、乳の中に含まれている乳糖を消化するラクターゼという消化酵素の力が落ちている場合が多く、この状態の時に牛乳を飲ませると、その牛乳を消化することができなくて、下痢がさらに悪化するからです。

乳糖は母乳にも含まれているので、母乳でも下痢を悪化させることがあります。だから離乳が進んでいる赤ちゃんの場合には、母乳も二、三日中止すると早くなおります。

電解質の補給

下痢になると身体から水が出ていってしまう、これについては先に説明したとおりですが、同時にもう一つ重大なことがおこります。それは、水とともに電解質といわれる物質も身体からぬけ出していくのです。主なものは、ナトリウム、カリウム、塩素などですが、これらのものが多量にぬけ出してしまうと強い脱水状態になり、自動調節がうまく働かなくなる、すなわち重症なのです。

また、下痢をしている上に嘔吐《おうと》が加わると、急速に脱水状態が悪化します。こうなると子供の体力は極度に落ち、薬や注射の効き方も非常に悪くなってしまいます。したがって私たち小児科医にとっても、脱水状態は最も警戒を要するものです。

下痢と嘔吐が同時にある場合は薬を飲ませようとしても、嘔吐のためにうまく飲めない場合が多く、どうしても点滴静注などによる治療を行わなくてはなりません。

しかも状態が急激に悪化することもよくあるので、この場合は、できるだけ早く医師に診てもらう必要があります。なお、治療によってこの状態がなおっていく時は、まず先に嘔吐が止まり、そのあと下痢がなおっていきます。

下痢で子供の身体からぬけ出していく電解質のほうはどうやって補給するのかという点については、家庭ではあまり考える必要はありません。ただ、子供が塩からい物を欲しがったときは、制限せずに与えてください。

しかし、三ヶ月から一歳未満ぐらいの赤ちゃんで、離乳があまり進んでいない子に下痢が長く続いている時は、出ていった電解質についても少しは考えなくてはなりません。そのための薬もあるのですが、味がよくないのと、お母さんの愛情も一緒に飲ませたいという気持も考えると、薬だけにたよるのには問題があります。

おすすめしたい「おつゆ」のつくり方

私はこのような時に飲ませる「おつゆ」を考案して、お母さんたちにすすめています。もちろんこのおつゆは一歳以上の子や、大人が飲んでもいいのです。私の小児科では「田下《たしも》スープ」と呼んでいます。

水　一四〇〇cc
大根　一五〇g
人参　七〇g
白菜　七〇g
煮ぼし　二〜三匹

大根、人参、白菜は、みじん切りにして一時間弱火で煮て、煮ぼしと一緒に捨てます。醤油大さじ四杯で味つけします。

「おもゆ」か「おかゆ」と、梅干しか梅漬け、それに、このおつゆを飲んでいるといいのです。

おかゆ（または、おもゆ）、これは下痢の時の最高の治療食であることが、今や世界的に認められています。

109　病気の時の生活管理

どんな病気であれ、それを早くなおすには、なんといっても安静が第一です。どんなにいい薬を飲んでも注射をしても、安静が保たれなければ病気のなおりは必ず遅れます。それどころか悪化することさえあります。

安静が最も大切なのに、このことほど守られないこともないものです。

「いくら寝ていなさいと言っても言うことをきかないんです…」

などと涼しい顔をして、病気がさっぱりよくならない子供を連れて来られると、私などはガックリくるのです。

診てもらっている医師に「家で安静にしていなさい」と言われたら、パジャマや寝まきに着がえさせて、ちゃんと布団をしいて、または、いつも寝ているベッドに、本式に寝かせるのです。

ふだん着のままで寝かせたり、単にソファの上に横になっているのでは安静にはなりません。これではまわりのことに気をとられて精神的に休まらない上に、パジャマや寝まきに着がえないと、自分が病気なのだという実感がわかないのです。そうすると、ちょっと楽になるとすぐ起き出して遊ぶ気になってしまうのです。

特に子供が三歳未満の場合には、まだ病識がないので（69項参照）、「寝ていなければいけませんよ」なんて言ってもだめです。親が一緒に寝てやらなくてはなりません。だから解熱剤で熱を下げる場合でも、安易に熱だけ下げると、病気はまだなおっていないのに一時的には楽になるので子供は動きまわってしまい、かえって病気を悪くする場合があるのです（102項参照）。

安静というのは、精神的にも肉体的にも、子供を単調な生活環境においてやることなのです。だから病気でない他の兄弟も静かにさせなければならないし、テレビやラジオをつけるのもいけません。

家族は一つのチームなのですから、誰かその中に故障者が発生した時は、家族全員でその故障者を早くなおすようにするチームワークが必要です。家族の中にこのチームワークをみだす者がいる時は、チーム・リーダーである父親は断固として制裁を加えなければいけません。これによって家族の絆はさらに強くなるのです。

言うまでもなく、子供は日常の生活を自分で計画を立てて送っているのではなく、すべて親の決定したことに従ってやっているのですから、子供が病気になったときは家族全員が一致協力して、日常の生活をふだんの時よりもさらに規則正しくしなくてはなりません。その基本となるやり方は97項から106項で詳しく述べたとおりです。

要するに子供の体内時計のリズムを崩さないこと。ふだんの生活と違うことをしている時は、早くもとの生活に戻すことです。

110　重症度の判定の仕方

病気の重い子は笑わない

病気の重症度を判定するのは医師にとってもなかなか難しいことです。ましてふつうの家庭のお父さん、お母さんにとってはさらに大変です。しかし「受診するのを明日の朝まで待てるか」、という点に絞ると一応の目安はあります。それは「機嫌」と「食欲」です。

どんな症状が出ていようとも、機嫌が良く、食欲があれば病気は軽いのです。すなわち病気が何であろうと、重症度は「機嫌」と「食欲」に最もはっきりと現れます。これは大事なことなのでしっかり覚えてください。

「熱が高い」、「咳が激しい」、「下痢がひどい」などの症状は、必ずしも病気の重症度とは一致しません。

たとえば「高い熱があるが、機嫌はいい」、あるいは「高い熱があるのに夕食はいつものとおり食べた」という場合と、「熱はないのだが食欲がない、お乳を飲もうとしない、機嫌が悪い」という場合を比較すると、後者のほうが要注意です。

ただし、いろいろな症状のうちでも「嘔吐」は病気の重症度とある程度は連動します。しかし嘔吐がある場合は、必ず機嫌もよくないし、食欲もありません。したがって、

一、機嫌がいいか（あやせば笑うか）

二、食欲があるか（お乳の飲み方はいつものとおりか）

この二つを、おおかたの目安として判定して差し支えありません。すなわち、この二つのどちらかが良い、または二つとも良いならばなおさら、病状は重症ではないと思ってかまいません。したがって受診は翌朝でもいいのです。

私がいつもお母さんたちに言っている言葉があります。――「病気の重い子は笑わない」

医師のかかり方と選び方

子供は一分一秒の休みもなく発育・成長を続けているのですから、同じ子供でも昨日と今日とでは別人なのだと言っても過言ではありません。

したがって子供の健康を管理するに当たっては、その子供の特徴をよく知っている一人の医師に、いつも診てもらうのが望ましいのです。つまり「かかりつけの医師」を持つこと、これが大切です。かかりつけの医師をつくるに当たっては、なるべく「小児科専門の医師」を選ぶようにしましょう。

それではどういう基準で医師を選んだらいいのか。しかしこれは、なかなか難しいことです。腕がいいか、料金は高いか、人格はどうか、などなど、チェックポイントはたくさんあるでしょうが、私は、お母さんお父さんの「好き嫌い」で選ぶのが一番いいと思っています。というのは、あとはその医師の、忠告、指示、指導、ときには命令を受けることになるわけですから、両親がすすんで従うのと、いやいや従うのとでは大違いだからです。

第九章

母性を超える愛はない

111　育児は労働ではありません

「育児をとるか、仕事をとるか」——これは私たちが日常よく聞く問題です。しかしこの設問に答はありません。なぜなら、設問そのものが間違っているからです。

日本がまだ高度経済成長に入る前、嫁入り道具で三種の神器と言われたものがありました（昭和三十年前後）。電気洗濯機、白黒テレビ、電気冷蔵庫がそれです。これらをそろえてお嫁に行くのは、当時ではよほどのお金持ちの娘さんでなければできないことで、ふつうの家庭の主婦は炊事、洗濯、掃除などの家事全般を、赤ちゃんを背負ってやっていたのです。

途中で赤ちゃんのおなかがすけば、仕事を中断してお乳を与え、オムツがぬれればそれを取り替えなければなりませんでした。家庭用電気冷蔵庫はまだ普及していなかったので、生物《なまもの》を家に多量に貯蔵しておくことはできませんでした。だからその日か、せいぜい翌日に食べるくらいの量を買いに、魚屋や八百屋へ赤ちゃんを背負って行ったものです。要するにこの時代までは家事と育児は一体だったのです。そして、祖父母もまだ育児に参加していました。

高度経済成長が始まり生活が豊かになっていくにつれて、三種の神器も高級品ではなくなってしまい、どこの家庭でも買えるようになりました。さらに電気炊飯器を始めとして、いろいろと便利な家庭用電化製品が出てきました。これらのおかげで主婦の家事労働量はうんと少なくなり、赤ちゃんを背負ってする仕事はほとんどなくなってしまいました。

また高度経済成長は、核家族を生み出す一方で、女性の労働力を必要としていました。主婦にも時間の余裕ができ、仕事を持とうと思えば持てる時代になった時から、育児は主婦にとって家事と一体ではなくなり、しなければならない仕事の一つ、すなわち育児労働だと考えられるようになってしまったのです。

労働ならばお金で代わりをさせることができます。育児が労働だと誤解されるようになってから、いたる所に託児所や保育所ができ始めました。と同時に、「育児をとるか、仕事をとるか」という決断を女性（夫婦）は、迫られるようになりました。育児と仕事とはもともと二者択一することのできない異質のものなのに、経済的側面からだけで育児と仕事とを秤《はかり》にかけるようになったのです。その結果「育児か、仕事か」という悩みが発生しました。

しかし育児は労働ではありません。育児とは母親にとっても自分の人生の一部なのです。人生の一部を人に代ってもらうことはできません。だから「育児をとるか、仕事をとるか」というのは無理難題で、答はないのです。

保育は育児ではない

保育とは子供を管理することであって育児ではありません。したがって、子供を託児所や保育所に預けるということは育児の一部を他人に委託するのではなくて、育児の一部を犠牲にする、すなわち母親と子供の人生の一部を空白にすることです。このことはとても重要なので、しっかりと理解しなければなりません。

女性は出産したら、その時から「母」になったとふつう思われていますが、実はそうではなく、子を産んだだけではまだ母になっていません。

女性には将来母になるための母性発生システム（母性発生装置集合体）が生まれながらに備わっていますが、それを起動するスイッチが入らないと「母への道」には入れない、すなわち母性が発生してこないのです。母性発生装置は無数に用意されていて、妊娠中からずっと、その時期その時期に必要な時、すなわちその発生装置の増感期（39項参照）に毎日、毎時、毎分、毎秒、スイッチが入っていきます。

スイッチが入るのを待つ状態になる、つまり静止状態から増感期へ移行する発生装置は出産直後からだんだん増加し、赤ちゃんの発達につれてさらに増えていきます。一番多くなる時期は赤ちゃんの生後六週から六ヶ月まで、すなわちインプリンティングの時期。次が三歳までのアタッチメントの時期です。

そしてスイッチを入れるのは自分の赤ちゃんでしたね。すなわち赤ちゃんが母親を母にするのです（41項参照）。だから育児の途中に空白が生ずると、それはもちろん赤ちゃんの発達に障害となりますが（63、64項参照）、それだけではなく、母親も母になるために重要ないくつもの母性発生装置にスイッチが入らないので、母になりきらない不完全な母、いわば発達障害母になるおそれがあるということです。特に第一子の場合は危険です。

いま、子供を託児所や保育所に預けるのは「母親と子の人生の一部を空白にする」ことだと申しました。「子供についてはわかるけれども、なぜ母親の人生まで空白になるのか」という疑問もあるかと思いますが、理由はこういうことなのです。

保育所に預ける時の注意点

しかしさまざまな事情から、子供を保育所に預けなければならない場合ももちろんあります。その時、子供が三歳未満の場合は最も大事な時期なので、厳重な注意が必要です。母親は子供から愛着対象だと認識されているかどうか（本当に母だと思われているか）を、毎回点検しなければなりません。

この時の注意点は、夕方に子供を受け取りに行って母親と再会した時に、子供が嬉しそうな顔をするかどうかをよく観察することです。明らかに嬉しい表情であれば、あまり心配はないと思っていいのですが、そうでない時、たとえば表情を変えないとか、親を無視する、視線を合わせない、などの態度が出現した場合には、家に帰ったらまず何よりも先にしっかり抱っこをして、子供の気が済むまで遊んでやらなければなりません。その日の母子関係の空白を挽回しなければならないからです。

ただしこの時、いくら心の中で思っていても「お母さんが悪いの、ごめんね」とは絶対に言ってはいけません。それは「私はお前に悪いことをしている」と言っているのと同じだからです。そう言われると子供は「それなら預けるのを何故やめないんだ」と思うでしょう。

いずれにしてもこのことがうまくいくかどうかは「子供からの発信」に対して母親がどれぐらい敏感に反応できるか、つまり母親が母になっているか、にかかっています。

112　母性発生システム（母性発生装置集合体）

「元気な赤ちゃんですよ。あなたも今日からお母さんですね」――これは無事に分娩がすんだ初産の妊婦に医師や助産師が言う決まり文句です。聞いた母親も、立ち会った父親もごくあたりまえに受けとります。しかし実態はそうではなく、妊婦は児を産んだだけであって、まだ「母」になってはいません。

女性には誰でも母になるためのすべての仕組み、すなわち「母性発生システム（母性発生装置集合体）」が本能として備わっています。しかしこのシステムは、それを起動する鍵になる特定の刺激に出会わなければ始動しません。その刺激を解発刺激 releasing stimuli と言います。そしてこのような鍵と鍵穴の関係の本能を生得的解発機構 innate releasing mechanism と言うことは先述したとおりです（39項参照）。

要するに母性というものは、女性に先天的に備わっているものでもなければ、自然に発生するものでもなく、さらに必ず発生するものでもないのです。

一般の育児書では母親が一人前であることを前提として書かれていますが、しかし母性は妊娠と同時に、あるいは出産と同時に完成するものではなく、自分が産んだ子供とのその後の長い関わりの中で発生し、発達していくものなのです。

したがって母性の発生発達と子供の成長発達とは同時並行で進むわけですが、母親が最初に受け取る大きな解発刺激は出産した時の子供の産声です。この時、母親の母性発生装置のうち、子供の声を受容する部分が解発され（41項参照）、その部分の母性が働き始めるのです。以降、声、表情、動きなど、子供の動作のすべてが母性発生装置の解発刺激となっていきます。

母子双方が同時に遭遇する最初の解発刺激は生後三〇分以内の初回授乳（もちろん母乳）です。赤ちゃんの満足げな表情、吸われる実感、手の動きなど、すべてがそれぞれに対応している母性発生装置に次々とスイッチを入れていきます。

出産と同時に母体は乳汁製造準備完了になっていますが、これも児が吸いつくというスイッチが入らないと製造開始になりません（76項参照）。また、その時に児の肌が母親の胸に触れたことが解発刺激となって、産後の出血を止め乳腺の組織を収縮させるホルモン・オキシトシンが分泌され、同時に新生児の体温調節が自動的に働き始めるのです。

出生直後の一時間、この一時間から母子双方に「お互いは融合した一つのもの」という一体感が発生し、そこから児の母親に対する絶対的信頼、E・Hエリクソンのいう基本的信頼が生まれ（35項参照）、母親はそれを限りなく受けとめる状態、すなわち児が発する母性発生装置解発刺激をすべて受容する用意がつぎつぎと整っていくのです。児の人生において最も重要な一時間であり、母親が母になっていく出発点なのです。

113 子供と離れると母性は発達しない

「基本的信頼」は、「無様式知覚（30項参照）」といわれる知覚によって胎内ですでに発生しています。なんと赤ちゃんはおなかの中にいる時から母親を信頼しているのです。そして出生した後も二ヶ月ぐらいまでは、目、耳、鼻、皮膚など、五感で感じたことをまだ特定統合することができないため、乳幼児は引き続き無様式知覚に頼っていて、「母親の声の音色の強弱や抑揚、眼差しの柔かさや冷たさ、身体の緊張の強さや弱さなどを、知覚様式をとわず情緒の本質を感知する（渡辺久子）」のです。そして感知したことのすべてが子供の発育発達システムの解発刺激となって、赤ちゃんが育っていきます。

他方、「母親に無意識の不安や緊張、いらだちや焦り、敵意や抑うつの感情があると、母親の乳幼児への応答のしかたに微妙なテンポのずれや、冷たく機械的な徴候があらわれ、乳幼児は全身で黙って察知してしまい、それを不安なものとして感知する（渡辺久子）」のです。このような時の母親の母性発生システムは、いわば電源が入っていない状態であり、子供からどんなに解発刺激が来ても、受け入れ口が閉じていて受容できません。つまり母性の発生発達は停止状態になっているのです。

無様式知覚支配の時期に重なって生後六週から六ヶ月まで、母子にとって最も重要なインプリンティング（刷り込み、または刻印づけ）の時期に入ります（39項参照）。ここで特に大事なのは母子一体感の確立です。子供は「目の前の顔はボクの顔なのだ」と心に刷り込まれ、母親には「命がけで子を守る」という、母性の基本中の基本が心に深く刻印されるのです。

この期間、母親は子供が発する解発刺激のすべてを母性発生システムのフル稼働で受信中です。このように母性の発生発達と、子供の知的情緒的発達とはセットになっているので、母性が切れ目なく発達するためには一日二四時間、母親は子供と一緒にいなければなりません。

114　子供にとって母親から離されること以上の不幸はない

母性の尊厳に異論を唱える人はいません。しかし現在わが国においては「母性軽視」、「母性蔑視」の風潮が蔓延しており、これが母性の劣化を招いています。そのため多くの母親には、わが子を日本の歴史、伝統、文化の担い手として育てるという崇高な使命が与えられているのに、それに対する歓び、感謝、使命感が希薄になっており、母としての矜持《きょうじ》が発生していないのが現状です。
母性を軽視したり蔑視したりすると、母子関係を深化させるための努力を無意味なものとして怠るようになります。その結果、母子間に長時間の空白を生じさせるような行為が、日常的、継続的に平気で行われます。このような空白は子供の発育発達と母性の発生発達の両方を阻害しますが、母親の代りはいても子の代りはいない、つまり母親の母性発生装置にスイッチを入れてくれるのは自分の子供以外にはいないので、子供よりも母親においてその被害損失は大きく、母性の著しい欠損が生じます。すなわち母性の劣化です。

母親から離される――、子供にとってこれ以上の不幸はありません。ですが、かりに三歳未満の子供を月曜日から金曜日まで毎日一〇時間どこかへ預けたとしましょう。すると母親は週のうち五〇時間、自分に対して子供が発する母性発生装置解発刺激を受け取れず、その間の母性発達は停止します。
一年は五二週とすると、この場合単純に計算して五〇×五二＝二六〇〇時間、母子分離していることになります。しかも月曜日から金曜日までの五日間は、残りの一四時間から自分の睡眠時間八時間を引いた六時間で、母親は子からの解発刺激を受け取らなければなりません。しかし子供のほうは、預けられた一〇時間、他人に管理されているのです。幸せに満ちた解発刺激を母親に送ることなどできません。これでは、二人が「鍵と鍵穴の関係」になるのはとうてい無理なことです。

結果、母性が未発達の母親、つまり発達障害母が育児をやることになります。これは甚だ悲劇的なことですが、さらに問題なのは、ほとんどの場合、母親は自分の母性が未発達のままで固定していることを自覚していないということです。そうなると母親に反省はないので、常に問題が発生し、しわ寄せはすべて子供へいってしまいます。子供には不幸な記憶として残り、しかもそれは世代間伝達（66項参照）するので、重大な悪循環となります。何故なら「子供の将来の精神衛生は母との間に結ばれた対人関係の基礎の上に築かれる（J・ボウルビィ）（64項参照）」からです。

母性の劣化は直接的に育児、躾、教育の劣化につながって、育児は管理飼育になり、躾は放任、教育においては指導、命令ができなくなります。これが育児、躾、教育の堕落をもたらし、今日のあらゆる青少年問題の根源となっています。したがって「母性軽視」―「母性蔑視」という誤った風潮を正し、直すことが私たちの急務なのです。

115　母性の劣化はいつから始まったのか

母性の劣化が蔓延すると未熟母性が当り前になり、育児、躾、教育が堕落します。この流れはすべて戦後占領政策に端を発しています。

昭和二〇年九月二日の降伏調印から五年八ヶ月間、連合国軍最高司令官D・マッカーサーはポツダム宣言を徹底的に無視した政策によって日本の占領統治にあたりました。以下にその主な政策をあげます。

一、一般命令第4号　昭和二〇年一〇月二日　通称ウォー・ギルト・インフォメーション・プログラム　日本人に戦争犯罪者意識を刷り込み、罪悪感を植えつけて、日本の歴史、伝統、文化を否定破壊し、日本人の矜持と自我同一性（いわゆるアイデンティティ）を失わせるための宣伝計画で、すべての占領政策の基調になっています。

二、公職追放令　昭和二一年一月四日　二〇万八七七七人が追放され、公的な場で日本の正しい歴史、伝統、文化を伝える人が排除されてしまいました。残ったのは二流、三流、反日、共産主義者。官民を問わず、あらゆる分野で二流を中心とした敗戦利得者による権力構造ができ上がり、今日に至っています。

三、極東国際軍事裁判　別名東京裁判　昭和二一年五月三日～同二三年一一月一二日　勝者が敗者を事後法で裁いた「復讐裁判」。GHQの脚本演出による見せ物。その主題は、原爆の威力を世界に見せつけるという目的だけのために広島、長崎の一般市民に対して人体実験として投下し、三〇万人を虐殺した悪逆無道の正当化です。

四、日本国憲法　昭和二二年五月三日「日本が二度と立ちあがれないようにする」という対日占領政策の基本方針に基づいて、GHQが憲法の専門家でも何でもないたった二五人の米軍将校に一週間で作成させた英文の日本語訳。平成二八年八月一五日、当時現職の米副大統領　J・バイデンが「日本国憲法はアメリカが作ったもので、米国の教科書に載っている」と明言しました。

日本国憲法は日本人をアメリカの家畜にしておくための誓約書であり（家畜の四条件を満たしている）、したがって当然のことながら、そこには日本の国柄、歴史、伝統と、国家の理念はまったく記されていません。この憲法のもとでは青少年が我が国に誇りと希望を持つことができません。育児、躾、教育堕落の根源的存在です。

（注）家畜の条件　一、餌をあさる必要がない　二、外敵から身を守る必要がない　三、天災から身を守る必要がない　四、生殖が管理されている

五、アメリカ教育使節団　昭和二一年三月来日。ウォー・ギルト・インフォメーション・プログラムの長期作用を目的として、日本の正統な歴史、伝統、文化を教育の場で教えさせないための使節団。以下の報告書を残していきました。

「教師の最善の能力は、自由の雰囲気の中でのみ栄えるものである。この雰囲気を備えてやるのが教育行政官の務めであり、決してこの逆ではない。子供たちの計り知れない資質は、自由主義の陽光の下でのみ豊かな実を結ぶ。この光を供するのが教師の務めであり、決してこの逆ではないのである。（中略）つまり、どれくらい禁じられるべきかを見つけ出すよりも、どのくらい許されるべきかを見つけ出すことが、すべて権威の立場に立つ人々の責任なのである」（『アメリカ教育使節団報告書』村井実全訳解説、講談社より抜粋）

この言葉は、教育学者であり、哲学者であるジョン・デューイ（一八五九―一九五二）の教育思想、すなわち「子どもは最初から自分の衝動や関心、さまざまな活動を持つ能動的存在であるので、教師はいかなるものも〈誘い出し induce〉たり、〈引き出し draw out〉たり、〈発展させ develop〉たりする必要はない。一般に教育者の仕事は、親であれまた教師であれ、たんにその活動を確かめ関連づけ、それらの活動に適切な機会と条件を与えることにある」（『ジョン・デューイの生涯と思想』より抜粋）を根拠としています。このアメリカ教育使節団の構成メンバーは、ほとんど全員がデューイの弟子か、その亜流だったので、こういう報告書が出て当然なのです。この言葉のとおりなら、育児なんて楽なものです。極端なことを言えば、子供には食べ物さえ与えておけば、後は何もしなくていいわけですから。

この報告書を、公職追放を免れた二流教育者がデューイの実験主義的教育思想と重ね合わせて恣意的に解釈したのが「子供には無限の可能性があるのだから、親や教師は余計な手出しをするな」という言葉であり、今日でもひとり歩きしています。

終戦後間もない当時の日本の親たちは、戦前の価値観が否定された社会で、この言葉に飛びつきました。その結果、「子供には無限の可能性があると言うのだから、大人たちが下手に口を出して、その可能性とやらをつぶしてしまったら誰が責任を取るのだろう。まして、戦争に負けた私たちには、子供にとやかく言える資格などないんだ」と思ったわけです。この一撃で祖父母の世代の大半は育児の舞台から降りてしまいました。

デューイは「生物学的機能的心理学」というジャンルを創出し、そこから「実験主義的教育思想」という思想を確立して、一八九六年に、前述の理論を教育方針とした実験学校をシカゴに作りました。そして、あえなく失敗。つまり、子供に無限の可能性などないことがすでにここで証明されているのです。

その実験学校の失敗についてK・ローレンツは、著書『攻撃　悪の自然誌Ⅰ』（一九六三）の中で、こう言っています。

「子供たちを幼児からフラストレーションということを知らずにすむように守り、どんなわずかな点でも子どもたちに譲るようにすれば、もっと神経質でない、外界にもっとうまく適合した、とりわけもっと攻撃的でない人間が育つだろうと考えたのはまちがいだった。この仮定のもとに方法を立てて子供を教育してみた結果は、攻撃衝動も他の大多数の本能と同じく、人間の内部から『自発的に』でてくることがわかっただけのことだった。ぞくぞくとできあがったのは、がまんのならない厚かましいしろもので、何から何まで申し分なかったが、惜しいかな、ただひとつ非攻撃的でないというしだいだった。この悲喜劇の悲劇的な面は、これだけにとどまらなかった。このような子供たちが家庭から巣立ち、服従してくれた両親の手もとを離れて、たとえば大学へはいり、いきなり無情な世論に立ち向かうことになったとき、どういう結果を招いたろう。これは信頼のおけるアメリカの精神分析者たちに聞いたことだが、こうして育てられた子供たちが苛酷きわまりない社会の枠組みの中へ押込まれた結果、その非常に多くが重圧に耐えきれず、このときになってほんとうにノイローゼになってしまったというのだ」

しかし、デューイの理論は、わが国の教育を破壊する目的のためには、極めて好都合、かつ有効でした。日教組の革命志向の根拠となり、児童中心主義（先生と生徒は友達関係）へつながり、さらに発達障害母の手抜き育児の口実になったのですから。

六、日本教職員組合　昭和二二年六月八日、ＧＨＱの指令により結成（日本占領政策として開戦前から用意されていた）。アメリカ教育使節団とセットになっています。すなわち『報告書』の意図に従って、「子供たちが日本人として正しく育たないように教育する」ための実行組織。現在でも絶大な力を持っています。

全部で九項からなっている『教師の倫理綱領』の「８教師は労働者である」と「９教師は生活権を守る」が、教師は聖職者ではない、と言い張る根拠になっています。

私たちは占領政策によって変形、毀損、喪失した正統な日本の歴史、伝統、文化を取り戻し、矜持をもって子供たちに伝えていかなければなりません。これ以外に母性の劣化を防ぐ方法はないのです。

116　未熟母性と虚弱父性

表4　子供に対する父親の反応

	日本	米国	トルコ
子供は私を尊敬している	17.9％	64.4％	89.1％
子供は私の宝である	51.0％	96.0％	82.4％
子供を愛している	67.1％	93.1％	96.2％
子供は私のようになりたくないと思っている	57.4％	3.0％	6.7％
子供のためなら何でもしようと思う	25.2％	75.3％	83.3％

東洋大学　中里至正ほか「日本の親の弱点」（2003年）より

母性の発達障害と劣化による未熟母性については先に述べたとおりですが、一方、父性はどうなのでしょう。それについてはウォー・ギルト・インフォメーション・プログラムが、いかに確実に功を奏したか、〈表4〉が見事に物語っています。

一言でいえば虚弱父性の父親の曖昧な人生目標からくる極度の自信喪失です。もとより育児は両親が協力してやるものですが、父親の役割は母親をいたわり、励まし、感謝し、援助する強い後ろ盾になることです。こういう本物の父親が発生しないようにしたのが占領政策であり、その中心になっているのが憲法です。

発達障害母と自信喪失父、この組合わせでは子供はたまったものではありません。したがって私たちはこのような母性、このような父性が発生しないようにする方策を講じなければなりません。しかしすでに未熟母性や虚弱父性が固定してしまっている人を変えることは無理なので、次の次の世代でくい止めるようにするしかないでしょう。

とは言ってもこれは容易なことではありません。何故なら、育児のやり方には母親の生育歴が大きく関わる、つまり母親はそれ以外の経験がないので自分が育てられたやり方でしか育児ができないからです。

すなわち強固に世代間伝達するからです。「氏より育ち」という言葉がありますが、それはこのことを言っているのです。

占領政策によって戦後七二年の間にでき上がったこの連鎖、悪循環を、しかしなんとしても断ち切らなければなりません。どこから手を着けたらいいのでしょう。しかもその手だては、誰でもその気になればすぐ実践できることでなければなりません。

原点に立ち返って考えましょう。母性は自分の産んだ子が発する刺激によって発生、発達するもの（39、112項参照）です。だから当然の帰結として「子供が三歳を過ぎるまでは一日二四時間、母子は一緒にいること」、これ以外に打つ手はありません。

しかしこれを実践するにしても、個々の家族が自主的に始めたのではなかなか成果が上がりません。国や地方自治体が指導していかなければならないことです。にもかかわらず、国も自治体も保育行政に執着し、向いている方向が真逆です。「待機母」はいるかも知れませんが「待機児」など存在しないのです。

現在わが国は国をあげて母性の発達を妨害し、未熟母性を多発させています。これは虚弱父性を生み出すので、このままで経過すれば将来国力が低下するのは必定です。

117　人間は人のために生きる

今日私たちの喫緊の課題は、慈愛に満ちた母性と明確な人生観を持つ強い父性を多く育成することです。そしてその人たちが日本人としての誇りと豊かな感性によって子供たちを人のために生きる人間になるように育てて行くことです。そのとき親の学歴や経済状況は関係ありません。大事なのは常に本気で真面目に、ありのままで子供に接することです。

その実践での基調は、子供が小さい時から親の希望、夢、理想を語ることで、これが最も重要です。特に進路や就職の話になったときに注意しなければいけないのは、「お前の好きなように決めなさい」という言い方、態度です。もし親の夢や希望を語らないままでこのように言うと、なんだか子供の人格を尊重しているように聞こえますが、実態は突き放し、指導放棄になっているのです。

そもそも父母と子供は上下関係です（54項参照）。親子が対等だと「保護」が「干渉」

になり、「指導」が「助言」となり、「命令」が「依頼」にしかならず、すべてについて強制ができないので、家庭を維持するためには親と子が「友達のような関係」にならざるを得ません。こうなると幼児期からの躾の中心である善悪の判定基準を強制できなくなります（13項参照）。親子が友達のような関係になっては絶対にいけません。

さらに、善悪を教えるというのは親の人生観を強制することですから、価値観の多様性を是認すると教えられません。是認すると共通基準しか残らず、結局カネとモノだけが基準になってしまいます。これが未熟母性と虚弱父性の発生要因です。だから両親は自信を持って「よそはどうか知らないが、うちはこうだ」と言うことが大事です。

一二歳を過ぎる頃から子供は二つの人生指標、すなわち「誰のようになりたいのか」「何に人生を懸けるのか」を考えるようになります（8項参照）。この二つの問いの答が決まると子供は必然的に「人間は人のために生きる」という理念に到達します。このとき特に父親は「生い立ち」と「自分は誰のようになりたかったのか」を本気で語る必要があります。

理念を持たず、自分のためだけに生きると必ず行き詰まります。これに例外はありません。そして最後は人のせいにして逃避することになります。たとえばパラサイト、ニート、ひきこもり、五月病、早期離職、育児困難、育児放棄、乳幼児遺棄、乳幼児殺傷、離婚、同性婚などがその結果です。

このようなことにならないためには、父母が日本に誇りを持っていることが必要不可欠です。これがなければ真っ当な子育てはできません。それには占領政策によって奪われた国史と民族の物語、日本伝統の精神文化である神話と神道、さらにそのことによって今日のわが国青少年が失ってしまったもの、すなわち民族の誇りと愛国心、これらを取り戻すことから始めるのがその第一歩です。

あとがき

私たちは誰でも信念と人生観を持っており、それに生きがいを求めて生きています。しかし人間のＤＮＡには、一二〇年が寿命だと書いてあるので、それ以上生きることはできません。そこで私たちは自分の子や若い世代に、信念と人生観を示し、託してこの世から去ります。この「示し、託す」のが育児であり、したがってそれは現実に子供を持っている親だけの仕事ではありません。

信念や人生観は人によって違うので、一〇〇の家庭があれば百通りの、一〇〇〇の家庭があれば千通りの育児のやり方があるのですが、しかしそこには、どの家庭にも共通する日本人としての育児の基礎となる部分があります。

生後六週から六ヶ月までのインプリンティングの期間に、母子はお互いに離れられない存在であることが双方に刷り込まれ、その後三歳までのアタッチメント形成の期間に母子がやりとりするいろいろな動作が、お互いに内在している母子関係成立のためのシステムの解発刺激となって、子供は発達発育すると同時に母親の「母性発生システム」（母性発生装置集合体）を解発起動し、母親の母性が発達していきます。

ここまでがすべての母親が経験すべき、外してはいけない共通の基礎部分です。従ってここのところこそ、父親や家族が一致協力して支援しなければならない大事な期間なのです。だから「子育て」は、同時に「母育て」でもあるのです。

本書は多くの若いお母さん、これからお母さんになる方、あるいは、そういうお子さんやお孫さんたちをお持ちの方々に、健全な母子関係を構築するための正しい知識と智恵を持っていただきたいとの願いを込めて、日本会議の月刊誌『日本の息吹』に「子育て支援塾―日本大好き・ありがとうお母さん」と題した連載に加筆修正したものです。

ひとりでも多くの方々に読んでいただき、日本の将来を安心して託せる頼もしい子供たちがいっぱい育ってくれればこれにすぐるよろこびはありません。

平成二十九年二月四日

著者

＊初出「日本の息吹」平成十六年四月号～平成二十九年三月号

参考文献

野生児の記録1『狼にそだてられた子　カマラとアマラの養育日記』（J・A・L・シング著
中野善達・清水知子訳）
『胎児は見ている』（トマス・バーニー著、小林登訳、祥伝社）
『誕生を記憶する子どもたち』（デーヴィッド・チェンバレン著、片山陽子訳、春秋社）
『胎教ルネッサンス』（林義夫著、中西出版）
『赤ちゃんの未来がひらける「新しい胎教」』（七田眞著、PHP研究所）
『暴力なき出産』（フレデリック・ルボワイエ著、中川吉晴訳・解説、アニマ2001）
「臨牀小児医学」（十九巻第一号、昭和四十六年）
『ソロモンの指環』（コンラート・ローレンツ著、日高敏隆訳・早川書房）
『カスパー・ハウザー』（アンセルム・リッター・フォン・フォイエルバッハ著、中野善達・生和秀敏訳、
福村出版）
『母子関係の理論I　愛着行動』（ジョン・ボウルビィ著、黒田実郎ほか訳、岩崎学術出版社）
『母と子のアタッチメント　心の安全基地』（ジョン・ボウルビィ著、二木武監訳、医歯薬出版）
『乳幼児の精神衛生』（ジョン・ボウルビィ著、黒田実郎訳、岩崎学術出版社）

『マジカル・チャイルド育児法』（ジョセフ・チルトン・ピアス著、吉福伸逸監訳、高橋ゆり子・菅靖彦訳、日本教文社）
『ボウルビィ　母子関係入門』（ジョン・ボウルビィ著、作田勉監訳、星和書店）
『母子関係の理論Ⅱ　分離不安』（ジョン・ボウルビィ著、黒田実郎ほか訳、岩崎学術出版社）
『母子関係の理論Ⅲ　愛情喪失』（ジョン・ボウルビィ著、黒田実郎ほか訳、岩崎学術出版社）
『母子臨床と世代間伝達』（渡辺久子著、金剛出版）
『アメリカ教育使節団報告書』（村井実全訳解説、講談社）
『ジョン・デューイの生涯と思想』（ジョージ・ダイキューゼン著、三浦典郎・石田理訳、清水弘文堂）
『日本の将来　教育のすべて』（福田恆存企画監修、高木書房）
『攻撃　悪の自然誌Ⅰ』（コンラート・ローレンツ著、日高敏隆・久保和彦訳、みすず書房）
『閉された言語空間　占領軍の検閲と戦後日本』（江藤淳著、文藝春秋）
『日本の親の弱点』（中野至正・松井洋著、毎日新聞社）

●著者略歴
田下昌明（たしも　まさあき）
昭和十二年北海道旭川市生まれ。北海道大学医学部卒。医学博士。小児科専門医。
現在、医療法人歓生会豊岡中央病院会長。北海道小児科医会理事。北海道病院協会監事。日本会議北海道本部理事長、新しい歴史教科書をつくる会道北支部長、日本教育再生機構代表委員、親学推進協会代表委員。日本家庭教育学会理事。
著書に、『よい子はこうして育つ』（三晃書房）『母の積木』（日本教育新聞社）『田下昌明の子育て健康教室』（日本教育新聞社）『「子育て」が危ない』（日本政策研究センター）『真っ当な日本人の育て方』（新潮社）、『一に抱っこ二に抱っこ三、四がなくて五に笑顔』（高木書房）など多数。

もう子育てでは悩まない
この一冊で育児は完結する

平成二九年一〇月一七日　初版第一刷発行

著　者　田下昌明
発行者　小田村四郎
発　行　株式会社明成社
〒一五四―〇〇〇一
東京都世田谷区池尻三―二一―二九
ＴＯＹＡビル三〇二号
電　話　〇三（三四一二）二八七一
ＦＡＸ　〇三（五四三一）〇七五九
http://www.meiseisha.com/
印刷所　モリモト印刷株式会社
乱丁・落丁は送料当方負担にてお取り替え致します

ISBN978-4-905410-45-4 C0077